あなたは本当に「韓国」を知ってる!?

韓国を知れば　日本がわかる！

権鎔大　著

駿河台出版社
SURUGADAI SHUPPANSHA

Design: dice

まえがき

日本と韓国に関心があるか、何らかに携わっている両国の人々にとって二〇一五年は日韓国交正常化五十周年の節目の年と受け止められています。

本来でしたら大々的に祝うところですが、両国の首脳が一度も会談しないという政治的に最悪の事態ですので、お祝いムードはしぼみっぱなしです。

そのせいか今年の前半は話題にしづらく行事もさほどありませんでした。六月にやっと両首脳がそれぞれの大使館に赴き記念パーティーに参加したおかげではないでしょうが、五十周年を祝いやすくなった気がします。十一月には首脳会談が行われホッとしていますが……。

各種の日韓国交正常化五十周年記念パーティーでの祝辞の定番が「五十年前は一年で一万人の人が両国を行き来したに過ぎなかったが、今や一日に一万人が往来するほど交流が活発、拡大した」と強調していることです。しかし現実は、下火となったとはいえヘイトスピーチが闊歩し、嫌韓、厭韓本がベストセラーになっている日本社会を見ると、この五十年間何を理解しどんな交流をし、友好を積み重ねてきたのか戸惑ってしまいます。

その戸惑いがこの本を書かせたキッカケです。

五十年間「友好」「交流」「親善」「相互理解」など美しい言葉が飛び交いましたが、それはたぶんに上辺だけのものではなかったのではないでしょうか。

日本人が韓国人と付き合って、「情があり熱いけどもう一つ飛び込めない」とか、「こちらの心遣いを感謝してくれない」とか、そんな経験がおありではないでしょうか。

それはあなたが韓国人の行動パターンを左右する根本的な部分を知らないからではないでしょうか。

日本の常識では理解できない韓国人の行動基準を根本から把握し、そうなった歴史的背景を知ることで、より韓国人を理解する。そして韓国人という最も身近な「似て非なる」人間の理解は、必ずや日本人自身を知る鏡になり自己分析に役立つに違いありません。

私は日本で育った「在日」でしたが、本国に留学し韓国に永住帰国して本物の韓国人になろうと努力しました。しかし韓国に近付けば近付くほど自分に日本人的要素がたくさんあることを知り、反面日本人には「お前は韓国人である」と指摘され、どっちつかずの状態のまま日韓のはざまで悩みましたが、歳月をかけ日本と韓国を冷静に分析し客観化することにより、両国のはざまでの自身のアイデンティティを確立しました。時には日本の得意な「いいとこ取り」で活路を見出し、時には韓国人の「無鉄砲さ」が役立ってきました。何のバックグラウンドもない日本と韓国社会でそれなりに生きてこられたのは、この本で披露するエピソードから理解していただけると思います。

アイデンティティの定まらないどっちつかずの生を受け、問題意識を持ちもがいた結果、日本と韓国の違いを掘り下げることをライフワークにすることができたのです。日本や韓国のどちらか一方の国で生まれ育ったらこんなに悩むこともなければ問題意識も持たなかったかもしれませんが、今思えば「朝鮮人！」「半日本人《パンチョッパリ》！」と蔑すまれたことがバネになり、このような本を書くことに至りました。

今は日本と韓国の両政府や両国の企業と団体の支援の元で、毎年秋に日比谷公園で行われる「日韓交流お祭り」*を開催する事務方として汗を流しています。

どのようにすれば日韓の両国民が違いを認識し分かち合い「かけがえのない隣人」として付き合っていけるかを日夜考え、両国によって育てられた恩を少しでも返したいという思いです。

この本が少しでも韓国を知り日本の皆さん自身を知る道しるべになれば幸いです。

どんどん韓国を掘り下げていけば韓国ドラマの定番のように「実は韓国と日本は兄弟だった」という結末になるかもしれません。

＊「日韓交流お祭り in Tokyo」、二〇〇九年にはじめて開催され、今年（二〇一五年）で七回目を迎えました。九月二十六、二十七日に日比谷公園で約七万人近い日韓両国の人に日韓の伝統芸能・現代の芸能パフォーマンスを楽しんでいただきました。式典には安倍首相夫人の昭恵氏、岸田外務大臣も参席し花を添えました。

目次

第四章　韓国とお酒とビジネスと……101

第五章　日韓文化のあれこれ

第一章

人災の国　韓国　天災の国　日本

人災の国　韓国　天災の国　日本

地政学的に見る日本と韓国

日本人と韓国人の気質の違いに一番影響を与えているのは環境ではないでしょうか。自然の側面で言えば、韓国は中国や日本に比べ自然災害の少ない国です。中国の黄河流域の氾濫や四川省の地震、日本の火山、台風、地震等に比べれば、地震がない韓国で建物を建てるとき、日本に比べ柱に入れる鉄筋の数の少なさに日本の皆さんは驚きます。逆に活火山がほとんどない韓国では、掘れば温泉の出る日本をうらやましく思います。

温泉が出なくとも韓国は火山や地震などで生活を根こそぎ奪われることはないので、日本人よりは自然に対して楽天的です。また、韓半島〈韓国では朝鮮半島をこう呼ぶ〉は、北は大陸と陸続きなのでその気になれば簡単に外へ出られる開放感がありますが、逆に四方が海に囲まれて外に出たくとも出られない島国日本の〈閉鎖性〉が日本人の気質形成に大きく影響しているとも考えられます。

地政学的に見るならば陸続きの韓国は黄河流域の漢民族や蒙古族、女真族、満州族等の北方民族の進出に常に脅かされていたばかりか、大陸との架橋的な役割を担わされていたので、日本の侵略にも備えねばなりません。ですから韓国は日本のように天災よりも常に四方から攻めてくる人災に神経をすり減らしてきました。

反面、島国の日本は天然の要塞でもある海があるために外国が容易に攻めてこられません。鎌倉時代に蒙古軍が何十万の軍勢で襲ってきましたが、神風にも助けられ侵略されませんでした。有史以来、日本は外国の直接統治を受けていないので人災に煩わされずにすみましたが、天災に備えるのには神経を遣ったのではないでしょうか。

〈韓国人〉の歴史観

韓国人は東アジアの地図を広げては、あの広大な中国大陸の東の端に韓民族の独立国が存在していることに誇りを持っています。中国大陸を支配した満州族の国〈清〉は今はなく、韓半島を脅かしてきた諸民族は跡形もありません。

有史以来五百−一千回も戦乱にまみれたと伝えられている韓民族は、時には武力や外交で、時には貢物を捧げ、その独立と独自の文化を保ってきました。近代において三十六年間の日本の直接統治を除いては。あの中国大陸を支配してきた強大国に飲み込まれることなく独自性を守ってこられたのは強靭な生命力も大きな要因だったと思います。

その生命力は度重なる戦乱つまり人災に如何に対処するかに掛かっています。ですから韓国人は人に対処するノウハウを、日本人は災害に対処する術《すべ》を蓄えてきました。

韓国では人災、対処する相手が人間ですので、自分の才覚しだいでは生き延びることができますが、天災が相手の日本では個人の能力があってもどうにもならないことがあります。みんなで一致団結して自然災害に対処せねばなりません。

〈日本人〉の歴史観

「個」よりも「和」を保たなければならない日本において個性が際立つと和が乱れるので、自己主張よりも謙譲の美徳を発揮しなければなりません。

一九九四年にノーベル文学賞に輝いた大江健三郎氏がその受賞演説で「あいまいな日本と私」という題で話したぐらい日本人は個の際立ちよりも曖昧さを尊びました。テレビ番組の受け売りですが十六世紀に日本にやって来たポルトガルのルイス・フロイスはその著書『ヨーロッパ文化と日本文化』で「ヨーロッパでは言葉が明瞭であることを求め、曖昧な言葉を避ける。日本では曖昧な言葉が一番優れた言葉で、最も重んぜられている」と書いているがごとく、日本人はハッキリした物言いはしません。

「恐れ入りますが……」「すみません」「ごめんなさい」「失礼ですが……」「申し訳ございま

せんが……」等の言葉は緩衝、クッション的機能で使われますが、これらの言葉を韓国語や中国語、英語に訳すと全て謝罪の言葉になります。

物事をハッキリさせる西欧文化圏の人や簡単に謝らない中国人、韓国人に対してはこれらの表現はあまりにもへりくだっているだけではなく軽く見られます。それだけでなく本心から謝罪しているのか疑ってしまいます。日本人は何回謝ればいいんだと韓国や中国に苛立ちを見せますが、「侵略の概念がハッキリしない……」「韓国人は喜んで日本の苗字をつけた」等と謝罪の言葉とは裏腹の発言を政府の高官がするものですから、本当に謝っているのかどうか理解に苦しみます。

〈韓国人〉とは何か

韓国では過ちを行った前任の大統領すらも遡って罰し教訓にしますが、先の戦争で日本では三百万人もの死者を出した戦争責任を本格的に追及しようとはしません。責任を曖昧にし、すんだことをああだこうだ言うより、これからどうするかを考える方が生産的だと……。

一方、人災という火の粉を振り払わなければならない韓国人にとっては瞬時に相手が強いか弱いかを判断する能力が求められます。相手が強ければへりくだり、弱ければ殴りかかってでも家族を守らなければなりません。

　このように全体の和よりも個人の能力が優先されるので、相手を説得する論理の開発や弁が立たなければ安全は確保されません。黙って曖昧にしていては助かるものも助かりませんので、相手の心を揺り動かす言葉を用いて危機からの脱出を試み、相手に自分をアピールして状況打開を図ります。このように韓国人は自分を表現することに長けています。

　韓国の新聞にこんなコラムが載っていました。

「西洋人が日本人と韓国人を区別する基準は何かと。百のうち百十%を表現するのが韓国人で、九十%しか言わないのが日本人だ」と書いてありましたが、私が講師を務める市民講座では「それじゃ足りません、百三十%が韓国人で、七十%が日本人だ」と受講者たちは言っていました。

　韓国人の表現力については日本のテレビ番組に出演した二人の韓国人のトップスターの例を見てみましょう。

　あのヨン様にトークバラエティー番組の出演の要請をしましたが、本人がなかなか「ウン」と言わず何回か交渉した結果、やっと出演してくれることになりました。

　ヨン様ファンの司会者が「バラエティーになぜ出たがらなかったのですか？」と質問したら「私は教養がなくあまり勉強していませんので、何を訊ねられるか不安でお断りしました」という意味のことを言いました。そして「映画やドラマは脚本通りにやればぼろが出ないので……」ということも付け加えました。謙遜しながら自己アピールするしたたかさとでもいいましょうか。

彼の話だけでは信用できないという読者のためにこんなエピソードも。

番宣のためにニュース番組に出た国際的俳優のイ・ビョンホンが開口一番、「私ごときがこんな権威のある番組に出るのはおこがましいのですが……」と前置きして質問者のインタビューに答えていました。「私ごときが……」と簡単なフレーズですが、周りの状況と自分の立場をわきまえていないと出てこない言葉です。

このような自己表現力は「沈黙が美徳」の日本のタレントにはあまり要求されないことですが、韓国では「沈黙は金どころか鉄」ぐらいの価値しかないでしょう。

水戸黄門のいない国

身分を隠した王子様はいない

「越後屋おぬしも悪よの」「この印籠が目に入らぬか！」などのフレーズで有名な「水戸黄門」、桜吹雪の「遠山の金さん」、「必殺仕事人」の主水《もんど》、「暴れん坊将軍」のように日本には身分を隠し最後にその正体を現して悪を懲らしめる映画やドラマが多いですが、韓国にはこのようなパターンの物語はほとんどありません。

韓国には「暗行御史《あんこうぎょし》」という制度があって、身分を隠して地方の代官の悪事を暴く行政官がいます。身分を隠し最後に悪を成敗するパターンは似ていても、これはあくまでも公式的な制度に則って行っていますので日本のそれとは違います。

ではなぜ日本にあって韓国にはないのでしょうか。

それは多分に国民性だと思われます。日本では歴史上外国に攻められ本土が蹂躙されたことがほとんどありません。蒙古が攻めてきたときもせいぜい九州に上陸したに過ぎなく、それも台風（神風）により侵略を免れ、太平洋戦争でも本土に直接アメリカの軍隊が攻めてくることはありませんでした。このように日本は平和が続き外国人「異質の者」と争うより、自国民同士の和を保ち譲り合って過ごしてきました。

反面、韓国は歴史的に北や南から攻められ本土が蹂躙され炎上してきたので、日本のようにたくさんの文化財が残っていません。現代史においても日本からの独立、左右イデオロギーの対立、同族同士が争う韓国戦争（朝鮮戦争一九五〇–一九五三）、独裁政権を打倒した学生革命、軍事革命、民主化運動など約半世紀の間に天地がひっくり返る出来事が目白押しでした。

ですから日本のように和を保ち譲り合う暇がありません。如何に生存するかが問題ですから、他を押しのけても自分の食いぶちを確保しなければならないので、相手を気づかったり配慮するよりも自己主張をし続けてきました。我を通すしかなかったのです。いつ何が起こるかわからないので仮の姿なんて悠長なことを言っていられない状況でしたから韓国人は日本人よりもストレートですし、我が強いと思います。

「水戸黄門」や「遠山の金さん」を見て韓国人は何でそんなまどろっこしいことをするのかと訝しがりますが、日本人はドラマの主人公から「弱い仮の姿は普段の自分だが、実は強いんだ」という代理満足を味わっているのではないでしょうか。

〈韓国人〉の主婦が日本で暮らすと

日本の社会を見ていると、六十年代に出版されたリースマンの『孤独な群衆』を思い起こさせます。勤勉で制度というベルトコンベアーに乗っている無口で従順な人々。

韓国の駐在員はおおむね日本生活に満足します。清潔ですし電車も時間通りだし、外食費も安いので生活するのにいたれりつくせりです。特に主婦は韓国に帰りたがりません。それは韓国よりも「ソーシャルストレス」が少ないからです。

日本ではルールを守っていれば基本的に快適ですが、韓国では突発的なことが起こったり急に規則が変わったりして、それに対応するストレスが日本より多いためです。

ですが日本が絶対良いとは言えません。なぜなら、あまりにも安定しているので衝突や刺激が少ない分、「野心」や「向上心」という「牙」が削がれます。韓国でしたら他人とぶつかって喧嘩したり、金持ちや権力者の理不尽に怒ることで「なにくそ！」と「闘争心」が刺激されます。火打石でぶつけ合わなければ火はつきません。あまりにも整備され安定している社会の仕組みのおかげで人間的ふれあいが少なくなったことが、家族を思い、我を張る生身の人間が描かれている韓流ドラマが日本で流行る理由かもしれません。

養子縁組と姓名

韓国の養子縁組

日本の時代劇には、養子縁組の話がよく出てきます。

たとえば、ある藩主に子どもがいないので血の繋がりのない同じ藩のそれなりの格式の家から養子を迎え跡継ぎにするために、江戸幕府に根回しする話やその藩の家老の一人息子が故あって有名道場の養子になったりする話です。そしてさらにその家老の跡継ぎに、これも血の繋がってない若者を据える。このような話は、韓国人には驚きで理解できないものです。

なぜなら韓国も養子を取りますが、全く血の繋がってない養子縁組は考えられないからです。何百年も続いた家柄で跡取りがない場合、同じ血族から選ぶのが普通です。韓国では日本のような家の継続よりも、血筋を重要視します。血統イコール存在の理由であり、一門の誇りであるからです。

つい先日まで法律で禁じられていたように赤の他人でも同じ祖先を持つ男女はおろか、いとこはとこ同士の結婚も禁止されていました。私の先輩に朴さんがいました。好きになった女性が自分の姓と同じ密陽本貫（祖先の発祥地）の朴でした。結婚したくとも両家の親や親族の猛反対はもとより、当時は民法も改正されていませんでしたので、法律上も結婚が認められていませんでした。

何とか親類縁者を説得して結婚の同意を取り付けたのでしたが、戸籍に載せることができません。けれども「蛇の道は蛇」で戸籍係が同姓〈朴〉同本〈密陽〉であることに気付かず婚姻届を受理してしまったら結婚が成立する事実を知り、戸籍係のお目こぼしで無事結婚にこぎつけました。現在法律が改正され結婚できるようになったとはいえ同姓同本の場合、大手を振って結婚できない雰囲気が残っているのが実情です。もちろん法律が改正（二〇〇五年）された今でも八等親以内は結婚できません。

このように韓国は今なお血筋を大切にし、由緒ある家柄を誇りにしています。全国民がやれ「うちの先祖様には大臣が何名いた」とか「あの有名な学者は何代上の先祖だ」とか「国を救ったあの将軍はわが家門の出」だとか自分の家系を吹聴します。「今は社会的経済的に誇れるものはないけれど、お前はどこどこの本貫の某氏の誇らしい血筋だから、熱心に勉強して家門の栄光を取り戻せ！」と子どもに勉強を励まさせるのが親の説教の定番なのです。

けれども普通に考えて韓国人の全国民が「由緒ある家柄」である訳はないですよね。

由緒ある家柄は数が少ないからこそ希少価値があるので、全国民がそうであるのは常識的に考えておかしいわけです。

全国民が由緒ある家柄を主張する根拠は、血筋を拠りどころにしている「族譜」にあります。この「族譜」は簡単に言えば「家系図」みたいなもので、始祖から現代にいたるまで記録されています。それを見ると、自分が何代目の子孫であるかわかる仕組みです。けれども実際「族譜」を身近においてある家はほとんどなく、氏族の事務所（宗親会）においてあるのが現実で、一般には親や親せき縁者から口頭で「おまえは第何代だ」と教えてもらう程度です。

両班が増えた理由

話を本題に戻して、なぜ韓国人は全国民が由緒ある家柄〈両班《ヤンバン》〉*になったのかをお教えします。由緒ある血統を誇る根拠は何百年間記録してきた「族譜」に名前が載っているかいないかに関わりますが、

①十六世紀末に豊臣秀吉が朝鮮を侵略したため、貴重な文化財とともに重要な文書類が焼失した。その際大部分の「族譜」も消失してしまい、どさくさに紛れて、血筋の不確かな人が「族譜」を改造して名家の一員になったケース。

②十八～十九世紀に豪農が台頭し、お金で没落貴族の「族譜」を買って両班になったケース

や国家に穀物などを寄付したり、戦乱で功を立てて両班になったケースもあったようです。

③一八九四年の身分制度廃止、一九〇九年の民籍法により苗字を届け出るとき、日本のように地名など身近なところから創氏したのではなく、由緒ある両班の名前を名乗ったケース。

ざっとこのような経緯から韓国人全員が由緒ある血筋の持ち主になったのです。

③に見られるように、韓国人のＤＮＡには由緒ある血筋に対する憧れが今なお脈々と流れています。この点を押さえないと韓国人を見誤ります。

それにしても何と日本人は姓名に対して淡白なことか！

韓国人は憧れの姓に食い込みたいという願望が漲っている反面、日本人は分をわきまえ山の下に住んでいるから「山下」、村の中だから「中村」、田んぼと池があるから「池田」等と名付けたため、日本の姓は約三十万を数えますが、韓国は名門の苗字に集中したため二百三十前後の姓しかありません。最近は帰化人が増えたため苗字の数が増えていますが、それでも千前後です。

*両班：高麗・朝鮮時代の科挙に合格した階級の総称で文科・武科に別れていたので両科を称して両班と呼ばれ、後の支配階級をさすようになった。

苗字の話

石を投げれば誰に当たる?

先ほど苗字のお話をしましたが、韓国人はことのほか姓を大切にしますので、苗字にまつわる話をもう少し掘り下げます。韓国にはソウルの南にある南山（ソウルタワーがある所）で石を投げたら「金《キム》さんか李《イ》さんか朴《パク》さんに当たる」という言葉があります。多様な苗字がある日本では「そんな馬鹿な」と思うかもしれませんが、まんざら嘘ではないのです。

韓国人の苗字に金、李、朴姓が占める割合は約四十五％で二分の一弱ですから、石に当たってもおかしくありません。金姓を持っている韓国人は韓国の人口約五千万人（二〇一三年現在）の二十一・六％です。約一千万人が金さんですから五人に一人の比率になります。劇場など人の集まっている場所で「金さん！」と呼んだら振り向く人が何人になるやら……。

李姓が約六百八十万人で朴姓が十五％近い三百九十万人ですから、この三つの姓だけで半分近くを占めます。他に崔、鄭、姜と続きますがビッグ三にはかないません。ちなみに私の姓権《ごん》は十五番目ですが韓国の姓二百三十前後の中では多い方です。

本貫

韓国には昔からの姓が二百三十前後しかないのに日本では約三十万、中国では約一万五千(一説には二万とも)くらいだそうです。なぜ韓国の姓が極端に少ないかというと、韓国には本貫という制度があるからです。同じ金姓でも本貫即ち先祖の本拠地が違えば赤の他人です。ですから韓国では金海の金さん、善山の金さんと違いを強調します。もちろん純金と十八金ほどの違いがあるわけではありませんが……。

同じく、李さんも慶州の李であったり、全州、韓山、永川の李であったりと本貫が多様です。韓国の時代劇に出てくる朝鮮王朝の王様は全州の李です。李さんで本貫が全州なら王様の血筋ですから世が世なら頭《ず》が高いといわれるかもしれません。

私が成長してはじめて韓国に行ったときのことです。偶然権と名乗る女性にあって日本から同じ血筋の子が来たというので大歓迎されましたが、その後がいけません。「ところであなたの本貫はどこなの?」と聞かれた私が「本貫て何ですか?」と返したとたん、いとおしい表情で接していた彼女の顔が見る見るうちに険しくなり「権の血筋にこんな下司な人を見たことない」と怒りをあらわにしました。

私はその本貫が何かを知らずキョトンとしていました。なぜ怒っているかもわからず。彼女は由緒ある権の姓を名乗る青年がその始祖もわからずにいるのが許せなかったのです。

ゴンの風上にも置けなかったのでしょう。後にこの屈辱がトラウマになって私は韓国人以上に韓国の姓について勉強するようになりましたが……。

韓国では約束をするときよく「姓に誓って守る」「約束を守らなければ姓を変える」と言うほど姓を大切にします。それは自分の「血筋」であり「出処」を証明するからです。それを日本の植民地時代に朝鮮人を戦争に動員するため、栄えある日本の姓を名乗らせてあげれば喜ぶと思い「創氏改名」を行いましたが、その効果はなく最後には強制するしかなかったのです。よしんば良かれとしたことでも、相手の実情を知らなければありがた迷惑です。

血筋を大切にすることについては梶山季之氏の『族譜』によく描かれています。見た目が特に似ており区別のつきにくいと言われる日韓ですら、相手の実情を知らないところのような行き違いが誤解を生み憎しみを増幅させます。

好意でしたことが相手に受け入れられなければ、その期待感（感謝してもらえる）があるだけになおさら腹ただしくなります。これは双方に言えることですので、親しいが故に起こる「近親憎悪」にならないよう心がけるべきです。

もっと韓国を知るためのことば

약속을《ヤクソグル》 안《アン》 지키면《チキミョン》 성을《ソンウル》 갈겠다《カルゲッタ》　約束を守らなければ姓を変える

韓国人にとって苗字は何物にも代えられない存在の印であり、由緒ある家柄を証明するもので絶対変えられないものです。ですから、姓を変えるということは「ありえない」ので、この約束は「間違いない」ということを意味していますが、現実においては必ずしもそうではないようです。

連続性

韓国のプライド

小倉紀蔵『韓国は一個の哲学である』に「朝鮮半島は常に北と南からの侵略の脅威にさらされてきた。外圧と儒教〈朱子学〉の影響で道徳的理を追い求めてきた」という内容のことが書かれています。

韓国は大きくて喧嘩の強い相手に力では勝てないので、その存在を抹殺されないために一生懸命勉強して身を守ったという見方もできます。「武」がなければ「文」を極め、たとえ小さくとも悠久の歴史を育んで来たというプライドが独自の存在を維持してきました。

世界地図を見てもユーラシア大陸東のちょこっとした半島に韓民族が独立国として持ちこたえているばかりか、その小さい国土（日本の四分の一）でG20に入る経済力を持ち、「民主主義」制度を取り入れるまでになりました。

このユーラシア大陸北東地域は蒙古、女真、契丹、遼、韃靼など幾多の民族が攻防を繰り広げましたが、残ったのは韓民族と蒙古民族だけです。代わる代わる台頭する国からの侵略によくもこれまで持ちこたえたと誇りに思います。大陸から海へ、島から大陸への道すがらである この国の地政学的位置は一言で「過酷」だったと言わざるを得ません。

この驚異的な粘りは神代の昔から脈々と育んで来た由緒ある血統つきの民族であるという自負心です。ややもすれば折れてしまう心を持ちこたえさせたのは「あんな過酷な状況の中でも先祖たちは持ちこたえたのだから、これしきのことは」という歴史を教訓としたからであり、それを受け継いでいくという歴史意識と連続性へのこだわりでした。

その意識は今の「大韓民国」と「朝鮮民主主義人民共和国」という国号にも表れています。「韓国」は古代国家の「韓」の国からきており、一八九七年の「大韓帝国」に受け継がれていますし、「朝鮮」は古代国家の元祖「箕子朝鮮」から「朝鮮王朝」を経て今日に至っています。

この意識は国の名前に限らず個人の「氏」にも反映されています。その象徴が韓国人が誇る「族譜」です。「私の姓は何百年前から続く由緒ある家系を継いでいる印」と大変誇りにしています。

このように韓国人はその地政学的位置から武力を増強しても限界があるので独自の善を「文」にもとめ存在を保全してきたのです。常に強大国の脅威にさらされてきたこの民族は、自身の歴史の連続性を継承し道徳性を極めることを生存の拠りどころとしてきたのです。

その結果、この国は大陸や島国にはない独特の価値観を育んできました。

その連続性にストップをかけたのが近代日本であり、三十六年間の植民地化でした。あの強大な中国の王朝唐、元や清の侵略を受けても自治権を失わなかった誇り高き韓国人にとって日本の植民地化は受け入れがたい屈辱でした。そして独自の言葉と誇りの拠りどころである「苗字」の剥奪（日本化）はその存在理由を打ち消したのでした。

韓国人にとって、古代において漢字・農業など先進技術を伝播させた弟分（？）の日本から侵略され、その独自の国を奪われたのは大変屈辱でもありました。

よく日本の皆さんの中に、「台湾は植民地になっても親日なのに韓国は」と言われる方がいますが、先進の技術や制度のなかった国にとっては日本の統治に得るものが多かったに違いありません。ところが韓国には古代に先進技術を日本に伝授したという意識が根底にあったので日本の植民地政策の受けとめ方が違います。ましてや三千年の歴史のなかで直接支配された経験がない韓国にとっては。

もっと韓国を知るためのことば

작은《チャグン》 고추가《コチュガ》 맵다《メプタ》　小さい唐辛子がからい

日本のことわざに「ウドの大木」がありますが、それとは逆に小さくてもピリッとしっかりしていることのたとえです。私の独断では、大きく強大な中国に隣接している韓半島の国にとって、「馬鹿でかく大きければいい」ではなく、小さくても賢明で利発であると自分を誇っているような気がします。

韓国今昔

変わりゆく韓国の町役場

昔ソウルに帰国して一番行きたくなかったのが区役所であり町役場でした。不親切で偉そうにしている窓口の役人は恐怖の対象でした。書類一つ取るのに何時間もかかり、列があっても割り込みされ秩序がありませんでした。やっと自分の番になっても、その書類はここでなく違う窓口だと言われ、また最初から並び直さなければならないなど出生申告をするだけで、何時間もかかりました。

何とハードルの高い窓口なのか！

急ぎのときは窓口の事務員に急行料という何かのお金を渡さなければなりませんでした。日本育ちの人間には、渡すタイミングや良心の呵責で気が重いものでした。

兵役義務の一環で町役場の軍関係の事務をしていた一九七四年の年の瀬に、「扶養家族の税金控除」の制度ができ、全国民が税務署に住民票を提出しなければならなくなり、住民台帳のある町役場がとても混雑したため、直接関係のない私も狩り出され事務を手伝いました。当時はまだ住民票が電算化されておらず原本を手書きで写して発行していました。その間、私は町役場の不親切と権威的な態度にうんざりしていましたから、私だけでも日本で学んだ親切さを発揮して丁寧にサービスすることを心がけました。

町役場は列に並ばず我先に発行しろと叫ぶ人々でごった返していました。私は窓口に接近すらできなくておろおろしているおばあさんを見つけ自分の窓口に来るよう手招きして住民票を発行してあげました。内心自分のした行為を誇らしく思い、満足感に浸っていましたが、何とそのおばあさんが感謝の印として私に百ウォンをくれました。ビックリして「おばあさん、このお金で孫にお菓子でも買ってあげてください」と受け取りませんでした。

そしたら、そのおばあさんは後ろに下がって巾着を取り出しもう百ウォンを添えて私にくれるではありませんか！　私が百ウォンでは少ないから受け取らないと思い、もう百ウォンを足してきたのには驚きました。もちろん受け取らずおばあさんに返しましたが、その後姿から「何と親切な人がいるのか」という感謝よりは、私の行動が理解できない様子が見て取れました。

それほど当時は、権威的で施してあげているんだという態度が公務員に蔓延していました。日本のように地方自治制度が確立されていなかった面が多分にあります。知事、市長、区長などの首長は選挙で選ばれるのではなく、中央から任命された役人がなっていたので、彼らの関心は一般市民より中央の任命権者即ち大統領に向いていました。その下の公務員も上級者の挙動に全神経を注いでいましたので一般市民は眼中にありませんでした。

当時公務員の給料が少なかったこともこのような悪い慣行を生みました。ところが一九九五年から知事や市長、区長を一般市民が選ぶ選挙になったとたん、区役所や町役場のサービスがガラッと変わりました。ソウルの各区は競い合うように窓口の対応を良くし、いわゆる「公僕」として奉仕するようになりました。

戦後（一九四五年～）七十年余りの期間に経済成長と民主化という金字塔を築くまでには、こんな試行錯誤もあったのです。

もっと韓国を知るためのことば

10년이면《シムニョニミョン》 강산도《カンサンド》 변한다《ピョンハンダ》　十年もたてば山河も変わる

十年という時間が流れると変わらないものはないということ。

第二章

情の国、韓国

情の国、韓国

〈韓国人〉はハッキリものを言う

スーパーにビールを買いに行ったとき、女房が好きでなかなか手に入らないといっていた○○製のトマトジュースが目に止まったので、喜び勇んで買い物籠に入れました。家に戻りちょっと誇らしげに、君の好きなやつ買ったよと差し出しました。「マー嬉しい！　よくあったわね！　覚えていてくれてありがとう！」という言葉が返ってくることを期待しましたが、

「それ甘いから△△製に変えたからいらない」

「あなたが飲んだら」

それ以上は言葉なし！　何て素っ気ない反応。韓国で生まれ育った女房だから慣れてはいますが、日本の情緒で育ったこの身には相手の好みを考慮した行為だっただけに寂しい言葉でした。たとえ飲まなくなっても、買ってきた誠意に「せっかく買ってきたのにありがとう。他の製品に変えたの、ごめんね」とは言えなくとも、心優しい日本の女性だったら自分のことを思ってくれた相手の気持ちを慮り「ありがとう！　私のために」といって丸くおさめたに違いあ

りません。

このように私の家内だけでなく韓国人は比較的物事をハッキリ言います。家内にせっかくの誠意に報いる言葉ぐらい言えないのかと詰問すると必ず「そのときは気まずいかもしれないけど、ハッキリ言った方が、また同じものを買ってくる過ちを起こさない」とバッサリ返されました。私だったら、「そのときは感謝して、後から実は……」と配慮するのがベストだと思うのですが、「何でそんな回りくどいことをするの！」と言われるのがおちです。

こう話すと皆さんに、「あなたの女房は特別だ」と言われそうですが、韓国ドラマの好きな方は理解していただけると思います。男と対等に口喧嘩をし、一歩も引きません。ひどいのになると相手に水をぶっかけるシーンも出てきます。さすがに現実の世界では稀ですが、見ている韓国人が違和感を覚えないのですから……。

このようなことは、何も家庭やドラマに限ったことではありません。会社においても相手に気を遣うよりも自分が感じたことをストレートに表現しますし、それと比べると日本の人はあまり率直には自分の意見を言いません。

〈韓国人〉の気質

日本と韓国でそれぞれの国の社員と一緒に働いたことがありますが、その働きぶりや気質の違いが鮮明でした。韓国のスタッフは不満があるとすぐ「辞めてやる」と周りにかまわず息巻きます。その男性スタッフを上司が夜、酒を一緒に飲んでなだめると、翌日「いつそんなことを言いましたか」というようにケロッとして会社に出て働きます。しかし、日本の社員は不満があっても何も言わずじっと耐え、限界だと思ったときに突然辞表を出します。そうなったら韓国人にしたように説得しても覆りません。「私が辞表を出すまでなぜ気づかない」「日々何を管理していたんだ」と言われているようで、以後、日本の社員には、「髪を切ったね！」「その服なかなか似合うよ！」「誕生日おめでとう」「顔色悪いね！　どうしたの?」など等（航空会社だったので女子社員が多いため）、日々細かく気を遣うようになりました。その点韓国の社員はうるさいほど自己表現するので、細かく気を遣うことはありませんが、何かあったときには全力でケアします。特に社員の家族が亡くなったら、会社総出で手伝います。

勤務態度も日本の社員はまじめで規則通りにこなしますが、韓国の社員はきめ細かさに欠けますし、平気で離席し個人的電話をすることもあります。しかしいざというときは驚くほど集中して仕事に取り掛かります。

また、韓国ではスタッフを家に招いたり、逆に招待されたりします。けれども日本で通算二十年以上日本のスタッフとともに働いてきましたが、一回も家に呼ばれませんでした。正直なところ呼んだり呼ばれたりする雰囲気ではなかったのが正解かもしれません。昔は日本でも社員同士家に行き来したようですが、最近の韓国も行きかう頻度がだいぶ減ったそうです。情よりも効率、合理化が優先されてきたためでしょうか。

妻の名誉のために次のことを付け加えておきます。でないと何を言われるかわかりませんので。韓国人の方が恐妻家は多いと思います。（詳しくは後述）

普段細かい神経を遣わない妻ですが、「いざというとき」、旦那が病気になると何日も寝ずに看病する情の深さを発揮します。このように日々の行いに気を配る日本人と、いざというときに全力投球する韓国人の気質の違いを感じることが多々あります。

もっと韓国を知るためのことば

오는《オヌン》 정《ジョン》 가는《カヌン》 정《ジョン》　来る情、行く情

相手が情で接してくれれば、こちらも情で応えるという意味です。

韓国人は日本人より表現がストレートで情の表現がハッキリしています。嬉しかったらすぐ抱き合い親子（大人でも）でも手をつないで情を表し、悲しいことが起きたら所構わずその悲しさを目いっぱい吐き出します。悲しさを目いっぱいこらえている日本の人とは対照的です。

女性外見論

八重歯は嫌われる⁉

ある知人から娘の話として「韓国の女性はきれいだ。日本人でよかった。韓国人だったら比較されて困るから……」と聞いてハテそうなのか考えてみました。

昔から韓国の女性は日本の女性より次の三つの点で良いという話を聞きました。

韓国語でよく使われている言葉に「믿거나《ミッコナ》 말거나《マルゴナ》」（信じようと信じまいと）があり、いろんな事柄を話す際の枕詞としてよく使います。ハッキリした自信がないときとか、やや腑に落ちないときに使います。「この話を信じないかもしれませんが、判断はあなたがしてください」、と突き放した言い方です。

前置きが長くなりましたが、一般的に韓国の女性の方が歯並びや口元がきれいだという説。ドラマや映画を見ていただければわかりますが、韓国の女性には八重歯が少なく、ましてや鬼歯は嫌われる傾向にあります。八重歯も日本ほどにはかわいいと思われていません。歯並びがきれいで笑っても、歯茎を見せる人は少ないと思います。

日本では八重歯にする手術をすることもあるそうですが、韓国では反対に八重歯を矯正する方に力を入れます。なぜ韓国に八重歯が少ないかにはいろいろな説があり、日本の土壌にカルシウム分が少ないからという説もありますが、定かではありません。韓国人の方が骨太な人を多く見かけるので、そうかもしれないと納得していますが、一度テレビやドラマで確認すると興味深いかもしれません。

整形へのハードルが低い

二番目に肌がきれいだという説。肌がすべすべしてきめ細かいと日本の友人からもよく聞かされますが、日本にも秋田美人と言うように肌のきれいな人がたくさんいるので、一概に言えません。その説が正しいとしたら、北風がもろに吹きつける韓国の気候やキムチの乳酸菌のおかげだとこじつけています。

三番目は足がすらっとしているという説。K-POPの少女時代やKARAを見て納得した人もいます。これは多分に生活習慣からくるものだと思います。韓国はオンドル生活をしているので、固い床の上で足を曲げることはありませんが、日本のほうは畳生活で正座するために足の発育に影響を与えかねません。最近の日本の若い女性のすらっとした足を見ると昔ほど正座をしなくなったことが影響しているのではないかと思われます。昔よく言われた大根足という言葉が死語になったことからも証明されます。

このほかに韓国女性美人説の根拠になるのが整形手術ではないでしょうか。

こんな言葉があります。「日本の女性は整形しようかしまいか思い悩んで結局しないが、韓国は後先考えずにスパッと整形する」、これほど極端ではありませんが、整形に対する考え方の一端が伺えます。その背景には対外的に見栄えを気にする気質があります。

日本では分相応にという価値観がありますが、韓国はまず他人に見下されたくないという見栄を重要視します。ですから、韓国女性にはきれいになるのに何が悪いという開き直りがあります。

整形したことに文句を言おうものならとっさに「이뻐지는데《イッポジヌンデ》 보태준《ボッテジュン》 것《ゴッ》 있어《イッソ》!?」と咬みつかれます。直訳すると「きれいになるのに何かしてくれた?」、つまり「手術費用も出してくれないくせに文句言う権利があるのか!」と。韓国では日本よりも言葉がきつく、きれいでない子を平気でけなします。言われた女性もシュンとするどころかその場でやり返したりします。

「お前がそう言うならきれいになって見せる」、と。

日本の場合、相手にあからさまに言ったら傷つき根にもたれるのが関の山です。

韓国は整形をした事実も日本よりオープンで、あっけらかんとしています。

全国民が注目していた盧武鉉《ノムヒョン》大統領夫妻も二重《ふたえ》にして話題になりました。大統領の瞼が下がり睫毛が目を刺激するので二重にしたとのことですが、大統領夫人も仲良く一緒にしたことに韓国社会の整形に対する寛大さが伺えます。また、女子プロゴルフツアーでメジャーを制覇して話題になった選手の国際電話のコマーシャルも関心を引きました。外国で活躍しているその選手と韓国にいるお母さんが電話で話している内容でしたが、娘は一重なのに母親の方が二重の手術をしていたので違和感がありました。

もちろん生物学的にはありうることかもしれませんが、いかにも整形した感じがしたのです。それも母親の方が……。

「年とって整形してなぜ悪い⁉」

「年寄りがきれいになっちゃいけないと誰が決めた」

なぜ整形をする？

①韓国人は派手な整形をしますのでよく見分けがつきますが、日本人の場合はナチュラルな整形を好むので目立ちません。国民の気質の違いでしょうか。

②韓国は日本より見栄社会で男も他人より見劣りしたくないので、整形した顔やカツラをよく見かけます。

③よく韓国は儒教の影響が強いと言われるのに儒教の「親からもらった体を傷つけるな」と

いうことと矛盾するのではとの反論があります。私はこう考えます。自分に何の不足もなければ「親から云々……」に重きを置きますが、整形により注目され、あるいは欠点を隠すことにより社会的に身分上昇ができるなら「親から云々」は脇に追いやるのではないでしょうか。

もっと韓国を知るためのことば

이뻐지는데《イッポジヌンデ》 보태준《ボッテジュン》 것《ゴッ》 있어《イッソ》!?　きれいになるために何かしてくれた!?

おもに女性が喧嘩腰で使います。なにも支援してくれなかったくせにやれ化粧がどうだ、服装がどうだと難癖をつける男性によく使います。この表現からも男性の「野次」に果敢に向かう韓国の女性の強さが出ています。

韓国人を取り込む方法

〈韓国人〉と親しくなるには

いつも教会の仲間と行く江戸川橋にあるスペイン料理の居酒屋風レストランで思うことは、店主ともう少し親しくなれないかということです。三十人ぐらい入る気楽にいけるお店で、料理も美味しくもっと流行ってもいいと思う店なので店主と親しくなりもっと繁盛するよう協力したいと思っています。「料理を頼みワイン片手に仲間内でワイワイ楽しく遊べばいい」のであって、特に店の人と親しくなり協力する必要があるのかと思うかもしれませんが、私は四十年近くサービス業に従事していたので、実力が評価されない人や店があると、余計なおせっかいですが、何とかしてあげたくなってしまう性分です。韓国人のお客を取り込むのであれば秘策があります。

題して、「韓国人を取り込むＨＯＷ ＴＯ……」

まず二回以上来たら、必ず親しげに話しかけ、相手の存在感を満足させます。韓国人は人見知りせず、人と交わることが好きな性格です。もちろん、親切にしてくれるなら韓国人でなくとも喜びますが、好意を素直に受け入れ自分の身内のように感じ、次からできるだけ多くの人を連れて来ようとします。

二番目に、一緒に来た人に聞こえるようにサービス料理を出します。何も豪華である必要はありません。常連の人の自尊心を満足させれば事足ります。その韓国人は一緒に来た人たちに格好がついたので気を良くし、いつも以上に売り上げに協力するでしょう。エビで鯛を釣るとはこのことです。何分韓国人は見栄っ張りなので懐が寒くてもケチなまねはしません。後で出費がかさみ後悔するにしてもです。

蛇足ですが韓国女性に愛の告白をするときも、同じ理由で人がたくさんいるところの方が効果的です。

単数形でも複数形の〈ウリ〉

韓国人は「ウリ」（私たち）という語を単数形でも複数形でも使います。「わが国」と言うところを「ウリナラ」（わが国）、「私の家」を「ウリジプ」（我々の家）と言うのは理解できるとして、日本の女性と話すとき「私の子ども」を「ウリアイ」（我々の子ども）と表現したらどうなるでしょうか。

「私との間でいつ子どもを産んだの」と激怒するでしょう。また、友達に「私の奥さんが……」を「ウリジプサラム」（我々の妻）と言ったらどうなるでしょうか？　何で「私があなたの奥さんとそういう関係であることを知ってるの？」と驚いたらどうなりますかね……。

「わが息子」を「ウリアドル」（我々の息子）と言い、日本人が聞いたら「何で我々の息子なの」と訝しく思うことでしょう。

　このように韓国人は人に対するとき、ウリ側（私たち側）の人か、そうでないナム側（他人側）の人かという二分法で考える習慣があります。ですから初対面の人にも、根掘り葉掘り相手の個人情報を聞きたがります。

　相手が金氏だったらどの血筋の金（本貫）なのか？　年は？　故郷は？　高校は？　大学は？　両親は？　等々。さすがに最近は少なくなりましたが、相手と自分の共通項を探す習慣は健在です。

　つまり「ウリ」イコール俺の側なのかどうかを気にします。「ウリ」の側の人には家族同様の深い情をかけ世話をします。逆に「ナム」側の人には距離を置くのです。

韓国料理の惣菜（撮影協力　壺（ハンアリ）末広町）

上述のレストランの話も、「ウリ」と感じたら身内の店だから何とかしてあげたいという気持ちにかられるのです。レストランの話が出たついでに、関連の話を。

キムチはただ

韓国人が日本に来て一番驚くのが食堂で漬物（キムチ）のお金を取ることです。「日本人はなんてみみっちいのか」と。韓国の食堂では基本的にキムチなどのお惣菜系はただですし、お代わりも当然のことです。食事をケチるのは韓国人の好みにあいません。少なくとも食べることには気前が良く、食べ残しても日本ほど気にとめません。全て合理的でキッチリしなければ気が済まない日本式にはついていけないのです。

赤坂に「ソルロンタン」（牛の肉、骨を煮込んで作るスープ）だけを扱っている韓国料理店があり、繁盛しています。この店は在日の既存の店とは違い、キムチや十種類ほどのおかずが付け足しで出てきます。もちろん、キムチ、カクテキは食べ放題です。ご飯と肉のスープが千五百円プラス消費税なので、決して安くはありませんが、心置きなくキムチのお代わりができるので、韓国人に大ウケです。いくら食べ放題と言ってもそうそう食べられるものではありませんが、韓国人の心を捉えているだけでなく、ひいきにしている日本人も少なくありません。

取り皿

もともと韓国には取り皿はありませんでした。最近は日本や西欧にならって、どの家庭でも取り皿を使っており、チゲなどのスープ類も取り皿によそって食べますが、情緒的には「じかバシ」ならぬ自分のスプーンで直接チゲを食べるのが韓国式です。口に出し入れするスプーンをチゲの入った器に入れるのは非衛生かもしれませんが、取り皿は他人と距離を置いた仲間の行為として受け止められました。今は死語になりつつあると思われますが、日本にも「同じ釜の飯を食う」という仲間内の情がありました。

割り勘

日本に来た韓国人が驚くことの一つが「割り勘」ではないでしょうか。会社勤めをすると、特によくわかります。昼食の後、列をなして各自が自分の食べた分を支払う習慣に慣れるまで、かなり時間がかかりました。韓国では誰か一人が全員分を支払い、次の機会に他の人が支払うのが一般的なので、日本の「合理主義」になかなか慣れませんでした。

韓国では「割り勘」はなじまないので、会計カウンターの前でいつも揉めます。「俺が払う」「いや俺が払う」という光景がよく見られます。参考までに、会社の関係者が飲みに行った場合に誰が払うかというと、上司、年長者、誘った者の順です。

昨年十一月、ソウルで同窓会がありました。もう皆年配なので、現役は私を含めて四人でしたが、支払いは会費制でなく当然のごとく収入のある者が出します。四人で分担するのではなく誰か一人が全額支払います。四人が前後して、支払おうとカウンターに行ったのですが、既にその場で一番金持ちの社長が支払った後でした。他の人たちは当然のように受け入れ、特に感謝の言葉はありません。韓国では、これがごく普通のことです。

もっと韓国を知るためのことば

우리가《ウリガ》 남이가《ナミガ》！　我々は仲間だろう！

慶尚道で流行った仲間意識を強調した言葉で直訳すると、「我々は他人じゃないだろう」。親しみを込めて肩に手を回されて言われたら「うん、そうそう」とついうなずいてしまいますよね。

韓国で一番偉いのは誰？

韓国の権力者

韓国で流行ったなぞなぞを一題。

検事と新聞記者そして税務署員の友達三人が、とあるレストランに入り食事をしました。食事の後、さて誰が払ったでしょうか。という問題です。

日本だったら問題になりません。なぜなら割り勘にしてそれぞれ払うのが習慣だからです。韓国では親しい仲間が食事をするとき、割り勘はあまりなじまず、必ず誰かが一人で払うのが一般的です。割り勘は韓国人にとって水臭いと思われ、仲間意識を削ぐ行為に見られます。

韓国では「ウリ」仲間で細かいことを言うのは「仲間意識」が削がれると考えます。

古い話で恐縮ですが、私がソウルで留学生活をしていた七十年代の話です。先輩から日本に行ったとき本を買ってくるように頼まれ、いつもお世話になっているのでお土産や先輩の興味のある本などを買っていき、頼まれた本代を請求（多分千五百円くらい）したらビックリした顔をされました。お土産はお土産、頼まれたものは割り切ってお金をもらおうという発想が通じなかったみたいでした。

あれだけ世話したのに千五百円程度の金額を請求するとは何とみみっちい情のないやつだと思ったに違いありません。もちろん、後で習慣の違いだと理解してもらいましたが……。

なぞなぞの話からとんだ横道にそれてしまいました。話を戻します。

検事は法の番人で権力をもっているので一般市民から恐れられています。新聞記者は権力の乱用を監視する役目も担っていますし、税務署員は脱税などに目を光らせているわけですから無視できない存在です。三人三様に権力を持っており、それぞれの立場と面子があるので韓国人でもなかなか正解が出ません。

その答えは意外や意外そのレストランの主人が出したというオチです。

なぜかと言うと、三人に恩を売っておけば何かのときにお目こぼしがあるかもしれないという先行投資のつもりで主人が出すという話です。これはあくまでも作り話で実際の出来事ではありません。韓国社会において検事や新聞記者、税務署員が力を持っていることを皮肉ったものです。

日本の皆さんは少し理解できないかもしれませんが、韓国のように権威主義で法の執行がゆるい社会においては彼らを敵にまわしたら、日本より力があるだけに怖い存在なので、力の弱いレストランの主人つまり一般庶民が出すという風刺をきかした小話です。

割り勘話のついでに

会社のみんなと会食するときに、冗談で平社員に「今日は君がいっぱい出せよ」と振ると、その反応は日本人か韓国人かで違います。日本人ですと「今日は持ち合わせがないので……」と、その冗談をまともに捉え、場の雰囲気を固くしますが、割り勘がなくこういうときは当然上司が払うものだと思っている韓国人の社員は、払う気もないのに「いいですよ！　今日は私が出しますから任せてください」と上司のジョークに大ぼらで対応し、場を和ませます。

外国からのお客

恩師はゾンビ⁉

最近立て続けに外国からお客さんが東京に来ました。

四十九年ぶりに日本に来た恩師。

高校のときの担任だったC先生が遺書をしたためて、ワシントンから青春時代を過ごした東京に来ました。その間音信不通で先生から電話を頂いたときにはビックリしました。

どうして私の携帯番号がわかったのか驚きでしたが、高校のホームページを見て懐かしさのあまり電話をしたそうで、韓国の高校の同窓会六十周年の集いに出席するので、もしかして日本のみんなと連絡が取れるなら寄っていきたいとのことでした。

高校時代の先生は二十代後半の正義感の強い青年で、その真っ直ぐな性格は暴れん坊や不良学生にとっては怖い存在でした。もちろん私のような優等生（⁉）にはその鉄拳はあずかりしらないことでしたが、怖さは伝染してビビっていました。

がんの手術を四回受けて最後の旅行とおっしゃった割には先生はお元気で、とても八十歳には見えませんでした。記憶力も確かで生徒だった私たちよりも昔のことをよく覚えているのでとても遺書をしたためた人には思えません。

その姿はあたかも昔の朝鮮王朝時代の「ソンビ」のようでした。権力におもねることなく、たとえ相手が王様でも志を曲げず是々非々をただす士大夫そのものです。たとえ貧しても正義を貫くその強さこそ今日の韓国を下支えしてきました。

よく韓国は法よりも権力や人間関係が幅を利かし、腐敗した両班が映画などで描かれていますが、この「ソンビ」はたとえ命を脅かされても筋道を守り通しました。

このような「知識人」がいたからこそ、それなりに韓国が保たれていると言っても過言ではありません。

先生のそのストレートな性格で、四泊五日の滞在中ずっと、教え子だったみんなに人生とは何かを話し続けられたので正直閉口しました。もっともな話でも何回も繰り返されると敬遠したくなります。しかもその話が当を得ているからなおさら困ります。

六十歳を過ぎた私たちでも先生にとっては教え子であり、頼りなく思うものだと聞いておりましたが、まさにその通りでした。韓国のドラマでも親が子どもに溢れる愛情を注ぎ干渉するシーンがよく出てきますが、それを重いと感じていてもいざというときには間違いなく全身全霊で教え子の危機を救うんだという気持ちが伝わるので、黙って聞くほかありません。

「話は半分でいいですからいざというときには全身全霊で助けてください……」とはいきません。熱い気持ちは時には迷惑であっても時には命の恩人になるのですから。つまりセットであり、裏表ですから。

親しき仲には礼儀なし

恩師の情の熱さから来る過剰な愛は暑苦しくもありますが、頼りがいがあります。愛するものと自分は一体だという愛情の表現は距離をとりたがる日本人にとっては受け入れづらいかもしれません。

韓国人の「情の熱さ」は「ウリ」という言葉で一つになります。

ハグをしたりするスキンシップも日本よりは自然です。

恩師に続いてもう一人のお客は元同僚の夫婦でした。

航空会社にいるときはお互いにライバルでしたが、今は懐かしい戦友として迎えました。

特に奥さんと一緒でしたから余計に神経を遣いました。我々団塊の世代は家庭を顧みず仕事一筋に突っ走ってきただけに、罪滅ぼしのため他人の奥さんでもおろそかにしません。

スカイツリー、浅草見物、銀ブラ（銀座をぶらぶら歩くこと）、上野公園散策、ゴルフとそれなりにケアした二泊三日だったと思いましたし、喜んでもくれました。

けれどもソウルに帰ったきり電話一本ありませんでした。

なんと恩知らずな韓国人だとお怒りになるのが日本人の感性で、日本の生活に浸かっていた私も一瞬「アレッ」と思いましたが、親しい間柄で「ありがとう！　お世話になりました！」と述べることは「他人行儀で一体化していない」と思うのが韓国です。

この違いを理解しないと「こちらがもてなした」のに「何だ、挨拶の一つもない」と勘違いし、両国とも距離が近く似たような文化を共有していると思いがちなだけに根に持つようになります。

その後

後日、その同僚とソウルで会ったとき、東京でお世話になったからと豪勢な夕食に招待されました。

もっと韓国を知るためのことば

깊은《キップン》 정《ジョン》 잔《ジャン》 정《ジョン》　深い情と細やかな情

言葉通りの意味ですが日本と韓国の情の在り方を表現しているようです。韓国は細かく気を遣う情よりは「どさっと」暑苦しいほど相手に情を注ぎますが、日本の人は引いてしまうのではないでしょうか。日本では「親しき仲にも礼儀あり」ですが、韓国では深い情を交わしたのに「何を他人行儀なことを……」「水臭い」といわれるのがオチです。韓国人は、例えばお中元、お歳暮などを送られてもいちいち礼状を出したり、会ってもありがとうと言わない方ですが、何かのときに「どさっと」返礼します。

韓国女性恐るべし!!

チマパラム旋風

〈質問〉韓国人と日本人では、どちらが恐妻家でしょうか?

「テレビドラマでは韓国人女性が恋人に水をかけるほど強い」と書きましたが、最近日本のドラマでも女性が水をかけるシーンがあり驚きました。年々女性が強くなっていることを実感しています。

思いっきり派手に頻繁に整形をする話もしましたが、こんな話がありました。

仕事の関係で某エアラインの韓国人キャビンアテンダントと親しくしておりましたが、ソウルに行って来た日本の同僚がそのキャビンアテンダントからこんな質問を受けたそうです。「○○さん私の変わったところ気づかない?」、「少し痩せた?」と曖昧に答えた彼に「鼻を直したの、わからない?」、と日本人だったら絶対ありえない答えに驚いたそうです。

話を女性の強さに戻しますが、大学時代に教授から「韓、日、中の女性のうち韓国が一番強い」という話を聞いたことがあります。その理由として経済権を握っていたからだと教わりました。朝鮮王朝中期までは男性と同等に遺産を相続し、夫の母親から認められたら家の財産を象徴する倉庫やその他の重要な鍵を渡され、家計を切り盛りしたそうです。

現代でも女性の地位には経済的裏付けがあります。特に七十年代以後の経済成長によるインフレを見越し、主婦たちは旦那の給料をやりくりし、アパートや土地に投資し財テクにいそしみました。当時は十%前後のインフレであったため、有望なアパートやマンションに頭金を払い値が上がったら転売し、次の投機対象に鞍替えして財産を増やしていきました。

このような行為を親しい女性たちが情報交換しながら集団で行動を起こすので「チマパラム」(スカートの風)という造語ができました。スカートをはいた彼女たちがある特定の物件や団地に行き買いあさると、その値段が旋風にあおられることから、スカートをはいた軍団を象徴する言葉になりました。

旦那の給料をコツコツ貯めても一生かかって家の一軒も買えないのですから、家庭における彼女たちの地位は揺るぎないものでした。

このようなチマパラムは学校にも吹き荒れました。当時は一学級六十~七十人前後(今は三十人前後)もいましたから、わが子可愛さに学校に行き、奉仕したり付け届けもする過熱さが社会問題に発展しました。

こうしてまで築いた財産であり、育てた子どもですので、愛着がない方がおかしいのです。

その過剰な愛情で子どもや旦那に接しますから、いざこざが耐えませんが、その過程を経てより深い愛情が生まれるのです。

いかがでしょう。これで韓国人男性の方が恐妻家であることがおわかりいただけたでしょうか。

もっと韓国を知るためのことば

공처가《コンチョガ》 애처가《エチョガ》　恐妻家、愛妻家

意外と韓国の方が「コンチョガ」（恐妻家）が多いと思います。一般のイメージでは韓国の男性の方が強いと思われがちですが日本語に「亭主関白」という言葉があるように日本の旦那さんのほうが威張っています。これは日本の女性が優しく、韓国の女性は気が強いところからきていると思います。何はともあれ家庭円満には男性が「エチョガ」（愛妻家）になることです。

第三章

韓国を知りたければドラマを見よう

韓国のマーケット

肉体美

あのヨン様ことペ・ヨンジュン、TBSで放映された「IRIS－アイリス－」の主人公イ・ビョンホン、歌手でもあるピ（rain）、時代劇のソン・イルグクなどの共通点は何でしょうか？

もちろん韓国人でイケメンですが、一番強調したいのは彼らの肉体美です。メロドラマで時には弱さ、時にはやさしさ、のように悲哀を演じる彼らにはあの筋肉隆々はいらないはずです。日本のタレントならばあれぐらいの肉体はほとんどアクションスター専用ではないでしょうか。木村拓哉や福山雅治など名だたるトップタレントでも筋肉隆々ではありません。多少体を鍛えていてもグラビアを出すほどではないはずです。

では、韓国のタレントはなぜあそこまで体を鍛え上げるのでしょうか。

舞台は世界

その一番の理由はマーケットの関係です。日本の人口はおよそ一億三千万人ですが、韓国は約五千万人に過ぎないばかりか、芸能マーケットそのものが小さいのです。テレビ局だけを見ても、日本はたとえば東京は地上波七チャンネルですが、韓国は四チャンネルです。あるいはまた、日本の芸能産業が大企業だとすれば韓国のそれは中小企業クラスです。

その狭いマーケットで生き残るためにはどのような役柄でも演じられなければ生き残れません。メロドラマ、アクションなど何でもこなせなければなりません。そればかりか日本やハリウッドも視野に入れ、英語やその国の言葉もマスターして、お呼びがかかるのを待ちます。

この現象は彼らだけでなく、日本で活躍したK-POPの少女時代、ＢｏＡ、ＫＡＲＡ、東方神起、ＢＩＧＢＡＮＧ等、厳しい訓練を経て人気を得た人たちもそうです。狭い韓国のマーケットではなく、常により広い世界で通用する技量を磨いていかなければ生き残れません。

韓国のドラマを見てお気づきだと思いますが、同じタレントがあちこちのドラマに掛け持ちで出演しています。こちらのドラマで王様の役で出たかと思うと、他のドラマでは武将で登場するので、イメージがゴチャゴチャになります。これも、一つのドラマでは十分な収入が得られないからなのです。

さすがに今は見かけませんが、昔は一流の歌手がキャバレーなどでお酒を飲んでいるお客の前で歌っている姿を見ることもありました。このように生存競争の激しい状況で人気を維持しなければならないのですから、その大変さがわかります。

私の親しい映画製作者によると、日本の一線級のタレントを映画に起用したくとも二年先までスケジュールが詰まっていて使いたくても使えないそうです。日本だけで充分に稼げる日本の芸能人が羨ましいとも言えますが、韓国のような厳しい環境の中で頭角を現すのは並大抵なことではありません。その逆境をバネに、より大きな世界に羽ばたくチャンスと捉えれば苦労も報われるのではないでしょうか。

スケジュールがびっしり詰まっていない韓国のスターは融通が利く分自由ですが、反面トップタレントでもいつ仕事がなくなるか不安を抱き、体を鍛えるなどいろいろな挑戦を試み、次のチャンスを掴むために余念がないそうです。

また、韓国のタレントの中には高学歴の人が多いのも特徴で、イサンの主人公のイ・ソジンさんはアメリカ留学組ですし、イ・ヨンエさんをはじめ、大学の映画演劇科出身者は枚挙に暇がありません。小さいマーケットで生き残るには人並み以上に努力しなければなりません。

映画「悪いやつら」（一）

○○代目

先日、韓国映画のＤＶＤを見てあまりにも韓国的だったので皆さんに紹介します。

二〇一二年に製作されてヒットした映画で、原題は「犯罪との戦争」、サブタイトル〈悪い奴らの全盛時代〉。

この映画は韓国の地方都市のヤクザを描いたもので、日本のような義理人情物ではなく、平凡な男がヤクザにのし上がった模様を中心に物語が展開します。主人公は「シュリ」「オールドボーイ」などの渋い演技で人気がある韓国映画のトップスター、チェ・ミンシクです。

舞台は韓国第二の都市釜山、時代は一九八二年から二〇一二年までの、実際にあった事件を元にしたフィクションだとうたっています。

映画は釜山の大物ヤクザの検挙模様からはじまり、主人公の生い立ちを振り返ります。

税関の下級公務員である主人公、崔《チェ》・イクヒョンが不正事件の責任を負わされ、税関で押収した麻薬の横流しに手を染めることで、ヤクザと手を組むことになります。

そのヤクザの親分が自分と同じ崔という苗字のことから「どこの崔ですか」と彼に聞きます。ここで言う「どこの崔か」はどこに住んでいるかではなくどこの「本貫」(どの血筋をくむ祖先)を戴いている崔かという意味です。

そのヤクザの親分が「慶州の崔だ」と応えると、かしこまっていた主人公の態度が見る見るうちに大きくなり、言葉も丁寧語からタメ口になります。

「そうだと思った! 名前からして慶州の崔だとにらんだ」と。

「私は慶州崔氏の三十五代目で、あなたは名前からして三十八代で俺のずっと下の孫に当たる」と横柄な態度に出ます。「親父の名前は?」とたたみ込み、その名前を聞くや否や、「昔私が世話した」と増長します。ヤクザの親分が気まずそうにしているのを見ていた子分が、目ざとく親分の代わりに主人公を表に連れ出しこっぴどく殴ります。

ボコボコにされて収まらない主人公はヤクザの親分の父親のところに行き、年は若くとも自分が血筋の上位者であることを鼻にかけます。ヤクザの父親は息子に「この方はお前の祖父にあたる血であり、昔お世話になった方だ」と話し、決まり悪そうに突っ立っていた息子であるヤクザの親分に、ひざまずいて挨拶をするように促します。

血筋の力

韓国ではこのように血筋を重要視します。時代と共に薄れてきてはおりますが、都市より地方ではいまだ有効です。

主人公は悪を働きながら検挙されても血筋のよしみを利用して、のし上がります。警察や検察から取り調べを受けても、影響力のある権力者の中で慶州の崔氏を探し出し、その人が無視できない元老を間に入れ（贈り物をしながら）危機を乗り越えていきます。

このようなストーリーは映画ならではの特別なケースですが、映画の最初の方で、こんなシーンがあります。

主人公の妹の婚約者の前で「今はこんな暮らしをしているが、我々の血筋は慶州崔氏の○○派で由緒ある家柄であり政治家、上級公務員など著名人がたくさんいる……」と誇らしげに語り、お金もないくせに気前よくアパートの頭金にしろと、預金通帳とロレックスの時計を渡します。

それを見ていた主人公の妻が「家のためにはケチるくせに血筋である妹には気前がいい」と言い、泣きながら席を立ちます。

貧乏であっても崔・イクヒョンにとっては、慶州崔氏という名門の流れを汲んでいることは誇りです。そうでない苗字を持つ妹の婚約者に血筋のよさを示すのに口だけでは格好が付かないので、無理して通帳や高級時計をあげることにより、自分の話に箔を付けたに違いありません。それほど主人公にとって慶州崔氏は心の拠りどころなのです。

もっと韓国を知るためのことば

피는《ピヌン》 물보다《ムルボダ》 진하다《チナダ》　血は水より濃い

韓国の家系図に当たる族譜の歴史は古く、本格的に行なわれるようになったのは十五世紀中盤です。記録に残っているものは「文化」を本貫とする「柳」氏の「永楽譜」だそうで、現存するものでは安東を本貫とする「権」氏の家系が記されている「成化譜」だそうです。

このように韓国は血の繋がりを大切にしますので、日本でも同じように使われている格言でも「血」の濃さが違います。ですから養子を取るときも日本と違い血の繋がっている者の中から選びます。

法を超える血筋　映画「悪いやつら」（二）

法を超える血筋

「悪いやつら」の主人公は同じ血筋の偉い人に渡りをつけ、自身の力を誇示し、事業を拡大していきます。

血筋の検察幹部に電話をかけさせて警察署長に圧力をかける場面や、ヤクザの親分が捕まったときも、この手を使って釈放させ、自身の力を誇示しました。ヤクザの親分は血筋の効用に涙します。

また、捜査官が不正を正すと「私はお前の上司の警察署長と友達だ」とすごんで、ことなきを得ます。

この映画は血筋に対する韓国人の心情を見事に描いており、時には人間関係が法よりも勝ることを物語っています。実はこの人間関係の形成にサウナが重要な役割を担っています。

サウナで商売の密談をしたりするシーンが出てきますが、なぜ真っ昼間からサウナにいるかというと、韓国のお酒文化に関係しています。韓国の付き合いはお酒なしでは進みません。それも徹底的に飲み明かしてこそ、腹を割って仲間になれるのです。韓国人はせっかちですから日本のようにじっくり時間をかけて観察しながらお付き合いをしません。出会ったその晩に酒を浴びるほど飲んで、腹を割って一気に十年来の友になるかそうでないかを決めたがります。ですから自然と酒の量が多くなり、二日酔いになりますので、次の日は当然の如くサウナにいきアルコールを抜くのです。

昨日飲んだから今日は飲まないと言いながら、日が沈めば体は自然と酒場に向かいます。酒を抜くだけでなくサウナでは裸の付き合い（?）もできるので、韓国人と事業を成立させたいなら、その韓国人のよく通っているサウナがどこか突き止めておくことをお勧めします。

この映画で韓国を知るために注目すべきはラストシーンです。一人息子が司法試験に受かり検事に任用され、その子どもの一歳の誕生パーティー（トルジャンチ）で念願叶った主人公の平和な表情がアップで映し出されます。

いろいろ汚いこともし屈辱を味わい何度か生活の基盤を脅かされても、何とか生き抜いてきたことで家族の中から社会的に誇れる人間を生み出した達成感は何物にも変えられないことです。孫の誕生祝いは、まさに至福の瞬間です。

映画のところどころで息子に期待する場面が出て来ますが、今は貧乏で社会的に認められなくとも、いつかは社会に誇れる人間を一族の中から出すんだという強い意志「恨《ハン》」があるからです。それこそが主人公に不屈の闘志を燃やさせた根源なのです。

老舗がない⁉

日本には何百年も続く老舗や飲食店がありますが、韓国ではいくら有名で儲かる店でも百年以上続いたものはありません。

日本のように安定した社会でなく戦乱に明け暮れていたためでもありますが、商売に対する儒教的蔑視による影響が大です。自分の代では蔑まれる商売をしていても、子どもたちにはまともに勉強させ、社会的に誇れる職業についてもらいたい。そのために商売が悪影響を与えるならいくら繁盛しても子どもには継がせないで店をたたんでもかまわないという心理が働いています。

在日で最も成功した企業家の一人、孫正義を描いた佐野眞一『あんぽん　孫正義伝』のなかにも、孫氏の祖父が韓国の故郷に帰り商売をはじめたところ「由緒ある孫氏が商売をするとは」と一族の元老からとがめられ、日本に舞い戻った話が出てきます。現在はこれほどではなくなりましたが、韓国人の心の奥底にはしっかり勉強して良い大学に入り、一流になるのが絶対善であるという意識が流れています。

映画の主人公のように一族の名誉を担う人材（息子）を育てるためにはどんなに泥をかぶっ

てでも自分が肥やしになるという強い意志が感じられます。このような背景を知ると主人公の崔・イクヒョンのあの恍惚の表情がより深く理解できるはずです。韓国人には一族の強い期待が優秀な人材を生み、出世した暁には一族にお返しする血の繋がりが脈々と生きているのです。今日においてその度合いが薄れたとはいえ韓国人の心にしっかりと流れています。

日本人以上にです。

＊『悪いやつら』(二〇一二年・韓国　監督・脚本ユン・ジョンビン)

韓国ドラマはうるさい

〈是非〉の違い

後述しますが、同じ漢字でもお国柄により違う意味で使われて誤解を生むことがあります。ここでお話しする「是非」という漢字も日本と韓国では大変異なる使い方をします。

日本では良かろう「是」と悪かろう「非」をひとまとめにし「必ず」という意味で使われますが、韓国では全く違った意味で使われます。

韓国では正しい「是」か、間違っている「非」か、を見極める意味で使います。

「是非《シビ》」とは良いか悪いかを正す用例に使われ、「시비를《シビルル》 가리다《カリダ》」（是々非々を極める）というフレーズがあります。この言葉は物事を「曖昧」にするよりもどちらが正しいかケリをつけるときに使います。

今両国で仲違いしている「歴史問題」においても、一言で言うと「とことん話し込んで是々非々を極めよう」というのが韓国で、「済んだ問題をいまさら言っても水掛け論だ」というのが日本です。

むき出しの感情

日本のBSテレビでも放送された韓国ドラマ「限りない愛」の原題は「ムジャシギ　サンパルチャ」（無子息上八字）です。直訳すると「子どもが居ない方が幸せ」という意味で「とかく子どもがいると悩みの種が尽きない」とうたっていますが、これは逆説的で正しくは「子どものおかげで悩みが尽きないが、ああだこうだと言いながら問題を解決することにより家族の絆が強まる」ことを表現しています。

誰よりも血の繋がりを大切にする韓国において一昔前でしたら子どもがいないのは離婚の理由になるほどでしたが、むしろこの言葉は子どもを授からなかった人への慰労の意味で使われています。

「子ども！　子ども！　と子どもを欲しがるけれど事故にあったり、問題を起こしたりして悩むより子どもがいないほうが心配の種がないのでいい」と慰めに使います。ドラマでも三男坊に子どもがいない設定になっているのは、タイトルと関わりがあります。

この三男夫婦も子どもがいないほうが、問題が起こらない分悩まなくて済むと言います。

ドラマは未婚で将来を期待されている娘の判事が妻子ある男性の子どもを産むことでひと騒動起こります。子どもがいなかったらこんなことにならなかったのにとタイトルの「ムジャシギ　サンパルチャ」を強調しています。

また儒教の影響が強い韓国において未婚の娘が子どもを産むというあるまじき「シングルマザー」の問題を正面から取り上げています。以前なら道徳的な面から非難におしつぶされたでしょうが、このドラマでは是々非々が戦わせられ、最後は家族に温かく受け入れられます。時代と共に価値観の変わったことをよく表しています。

物語は三世代家族が近くに住み、それぞれの家族が問題を起こすストーリーです。長男の娘は勉強ができ、司法試験を受け判事になりますが、家庭のある男性との間に娘を産み、その孫の不祥事を父親のために長男夫婦と兄弟がいろいろ取り繕う騒動や、定年退職した次男夫婦の葛藤、子どもが生まれないことにコンプレックスを持つ三男夫婦、次男の姑と嫁の争いなど様々な問題のテンコ盛りで、日本の連続ドラマより騒がしくうるさいといえます。

さらに長男の年上の女性との恋、未成年との結婚問題、夫婦間の葛藤など全ての家族に問題が起こります。六十年連れ添った老夫婦の離婚騒動というおまけまでついています。

整理しますと、主人公の老夫婦の小言と嫉妬から来る喧嘩、その長男夫婦の冷戦、定年を迎えた次男夫婦のバトルとその舅と嫁の葛藤、仲睦まじかった三男夫婦の不倫騒動、長男の娘のシングルマザー問題、その弟の年上の女性との恋愛、末っ子の高校生との結婚願望と、まあよくも家族総動員で問題を起こしぶつかり合うドラマが「うるさくない」わけがありません。日本のホームドラマでしたらせいぜい登場人物の二、三人（組）が問題を起こし、ひと悶着して比較的静かに解決に向かうのですが……。

言わなきゃ損

韓国のドラマは徹底的にお互いの言い分を交わして大騒ぎしながら終結に向かいます。

日本の場合その場の空気を読み、言われなくとも身を引くとか、謙譲の美を意識して何も言わなかったりしますが、その意図が汲まれなかったときは、何も言わなかった分だけストレスが溜まります。韓国でそんなことしたら相手の言い分を認めたことになりますから自分の言い分を絶対に譲りません。そこには「あうんの呼吸」や「空気を読みさっと引く」シーンは余りありません。日本より感情をむき出しにして表現するので自然騒がしくなるのです。それに声が日本人より大きいときているのでなおさらです。「うるさい」分だけ発散できますから、その後はカラッとしストレスは溜まりません。韓国ドラマのパターンはこのように自己主張し合いながら愛情を深めていきます。余計な干渉をする、愛情の押し売り、などうんざりする場面がありますが、その行為の裏には相手への強い愛情が横たわっています。

いざというときには体を張って守るという強い慈しみがありますので、最後には納得し丸く収まります。

日本の場合「何も言わず」に相手や全体のために自己犠牲的な態度をとることが多いですが、

「言わなきゃ損だ」という韓国の感覚と「言わなくても……」という日本の感覚が時には誤解を生みますので、ここをしっかり押さえましょう。

韓国に行ったことのある方たちは道端や街角で韓国人が声を張り上げ争っている様をよく見かけたと思いますが、必ずしも喧嘩している訳ではありません。日本の皆さんから見ればその喧騒に驚くことでしょう。洗練されていなく感情むき出しで騒がしいかもしれませんが、それが愛情の表現だとしたら納得できるのではないでしょうか。

こんなに日韓関係が悪くとも日本のテレビ（BS含む）で韓国ドラマが二十本近く放映（二〇一三年当時）されていたのはこの騒がしさの中に日本の皆さんの心に響く何かがあったからではないでしょうか。

なぜ韓国の歴史ドラマが人気？

まだまだ人気の韓国歴史ドラマ

韓国の歴史ドラマが日本で放映されていますが、つい最近まで、どうして人気なのか理由がわかりませんでした。

現代物でも、日本とは慣習や文化的背景が違うので理解しにくい部分があります。ましてや、歴史ドラマの本当の味わいをわかっていただけるのか心配でした。歴史物となると、韓国の歴史を習ったことがない日本人が、年代や制度、馴染みのない登場人物をいちいち覚えられるのかなど、現代物より難解ではないかと思っていました。

韓国の歴史を専攻していた私でも、ディテールに入るとこんがらがります。ドラマを見ながら歴史辞典を引き、専門書を読んでストーリーを追う始末です。

一時の韓流ブームと比べ下火になったとはいえ二〇一四年末に放映されていた歴史ドラマを見ると、地上波のＮＨＫでは朝鮮時代を背景にした架空ドラマ「太陽を抱く月」、ＢＳの元、高麗に生まれ貢女から皇女に上り詰めた女性の物語「奇皇后」、朝鮮時代後期の女性商人の物語「キム・マンドク」、朝鮮時代前期の大妃を中心とした歴史劇「インス大妃」、朝鮮王朝の建国とその基盤を確立するまでの政権抗争を描いた「龍の涙」の五本があります。その他現代物十一本をあわせると韓流ドラマはまだまだ健在といえます。

このほか、日本に紹介された韓国の歴史ドラマや映画を見ますと、古代物から朝鮮王朝物まで、もれなく網羅しています。高句麗の始祖を扱った「朱蒙《チュモン》」、百済の武王と敵国新羅の姫のロマンスを描いた「薯童謡《ソドンヨウ》」、渤海国を興した「大祚榮《テジョヨン》」、新羅の女王「善徳女王《ソントク》」、高麗の建国までを扱った「太祖王建《ワンゴン》」、朝鮮王朝を扱った映画やテレビドラマはあまりに多いので省略します。

おじさんは歴史ドラマを見ない⁉

韓国の中高年男性はあまり歴史物を見ません。あまりにも史実からかけ離れており荒唐無稽だからと決め付けているからです。例外的に高視聴率（最高視聴率四十九・六％）を記録したのが、歴史的事実に忠実で骨太の壮絶な権力争いを描いた「龍の涙」です。年齢性別を問わず人気があり、歴史物のブームの火付け役になりました。朝鮮王朝の建国から王権が確立される過程を三代目の王太宗を中心に描き、全百五十九回も続きました。

また、二〇一四年に人気が出たドラマに「鄭通伝《チョン・ドジョン》」（全五十回）があります。これは王ではなく王と対立する官僚（臣下）の立場から描いたもので、お父さん族を魅了しました。

韓国においても歴史物に対する議論が絶えません。ストーリー展開が興味本位で歴史的事実を大きく逸脱しているとか、時代考証が十分でないとか、口うるさいお父さん族は異議を申し立てます。

私の個人的意見としては、日本の大河ドラマのほうが韓国よりも事実にもとづいて製作されている気がしますし、韓国にも隠れ大河ドラマファンがおりＮＨＫの歴史物を心待ちにしている層がいます。

文化や慣習が多少違っても、現代物ならすぐ感情移入できると思われるのに、なぜ難解な韓国の歴史物が日本で人気なのか、最近読んだ本からヒントを得ました。

春日太一『なぜ時代劇は滅びるのか』の中で今日、時代劇が流行らない理由をいろいろな角度から分析していますが、日本の歴史ドラマに当てはまるのが「〈考証をうるさく言いたがる風潮〉は、つくり手だけでなく見る側にも窮屈さを与えてしまった」と前置きし、「自由気ままに時代劇の魅力である本来のファンタジーを失わせてしまった」と述べている部分です。「水戸黄門張りの時代劇＝勧善懲悪」というパターンにはめ込んだことも時代劇を不振にした理由の一つとして挙げています。

韓国の歴史ドラマが「考証云々と小難しいことを言う意見」よりも、歴史的な題材を基に自分が描きたいストーリーに愛、陰謀、裏切り、試練、成長という要素をちりばめ、自由気ままに練り上げることで現代にも通用する作品に作りあげているので、日本の視聴者はそのおもしろさに引かれ熱中しているのかもしれません。歴史ドラマを見る人は登場人物の名前を覚える労苦もいとわず歴史的な背景も気にせずドラマが描く縦横無尽なファンタジーを追い求めていることを知りました。「現代という背景では描けない、歴史という舞台を借りた人間劇に魅了されている」ということも。

歴史的な事実よりも、その背景を借りて視聴者の欲求を満たす手段として「朱蒙」や「チャングム」が借用されているに過ぎなかったことに気づかなかった、私の不明を恥じるものですが、しっかりした時代考証の上で登場人物の心理的葛藤などを描きながらストーリーが展開される歴史ドラマを見たい気持ちに変わりはありません。

ドラマの機能

女性の描き方

日本の時代劇と韓国の歴史物の一番の違いは「女性」の存在ではないでしょうか。日本の場合は歴史の主人公的存在よりは主人公を引き立てる役割が一般的かもしれません。最近になり「八重の桜」、「江」、「利家とまつ」など女性が主人公になるドラマが目立ちますが、芯の強さを持ち合わせた女性像に仕上がっていても歴史を揺るがす存在ではありません。女性の武器を積極的に活用して権力争いに積極的に絡む激しさを持った女性像こそが韓国の歴史ドラマの特色です。

それはフィクションとして作られた女性ではなく、歴史的事実に基づきドラマとして膨らました女性像になります。

日本で放映された作品を見ますと、「宮廷女官チャングムの誓い」、「トンイ」、「善徳女王」、「張禧嬪《チャン・ヒビン》」、「ファン・ジニ」など本人の名前が堂々とタイトルとして出るほど、女性としてではなく人間として確固たる地位を占めています。

どんなに虐げられ貶められても自己実現を求めて男性顔負けのバイタリティーで困難や試練を克服していきます。

その流れは現代でも受け継がれ、女だからといって一歩下がることはありません。韓国ドラマを見ますと、男と喧嘩をしてもめそめそ泣くどころか、堂々と感情をぶつけて自己の正当性を主張します。たとえ自分が悪くても、そうした行為に至った背景を堂々と並びたて、決して詫びません。

二〇一三年にヒットしたドラマ「金よ出てこい☆コンコン」というドラマに、こんな場面があります。

愛人が本妻の息子でなく自分の子に家業の宝石会社を継がせるため、本妻が不倫をしたとでっち上げ、追い出します。自分の息子が会社を継ぐ一歩手前で、本妻を陥いれたことがバレ、夫から追求されますがシラを切ります。確固たる証拠が出てきても嘘をついたことの後ろめたさにひるむことなく、堂々と自分の行為を正当化します。次のような論理で。

追及する夫に「あなたを信じて子どもを産んだのに、女房（本妻）がかわいそうだからと、約束を破ったでしょう！　なら私の人生は？　あの女を追い出さないと私が血を吐く思いをするわ！」と抗弁をします。

また自分の息子に（道徳的観点から）なじられると「人を殺したわけでも法を犯したわけで

もないのに何が悪い！」とはねのけ、息子から「でも一人の人間の人生を台無しにした。それは罪じゃないのか？」と追求されると「そんなきれいごと言えるのも私のおかげよ。本妻の元で育っていたら愛人の息子で終わってた」とあくまでも自分を正当化します。

倫理的な問題を置いといて、この母の気持ちは「本妻を追い出したのも息子が日陰者にならないためにしたことで、かわいいお前のためなら何でもする」という息子への強い執着の表れです。またそう言わないと自分の正当性が崩れてしまうので余計に強く言ったに違いありません。

身分上昇への熱意

話を元に戻しますが、韓国ドラマの特徴に「身分上昇」と「人間的成長」があります。この二つのキーワードは「変化」です。これらを実現するには制約の多い現代劇よりも、いくらでも想像力を働かせることができる歴史物のほうが好都合なのです。

「身分上昇」は一方で「恨《ハン》」を意味します。今は貧しくこれといった物はないけれど機会が与えられたら俺だってドラマ「武神」の「奴隷から政権を取った武人（武神）キム・ジュンのように出世する」、もしくは「トンイ」のように「宮廷で雑用していた身分だったけれども王様に寵愛され王母に上り詰めたい」と願うのです。

この「トンイ」や「武神」はさしずめ＊「쥐구멍에도《チィクモンエド》 볕 들 날《ビョトゥルナル》 있다《イッタ》」を地で行く物語であり、実在の人物でもあります。

不断に努力して、試練に押しひしがれることなく成長しなければ競争社会で生きていけない、というメッセージをドラマから受け取り、勇気づけられます。

＊쥐구멍에도《チィクモンエド》 볕 들 날《ビョトゥルナル》 있다《イッタ》：「(日の当たりようもない)「ネズミの穴」にも日が差すときが必ずある」と信じることのたとえ（後述）

「変化」と「世襲」

常に変化を迫られる国

韓国ドラマの一つの特徴として「身分上昇」と「人間的成長」を挙げ、そのキーワードは「変化」だと述べました。この変化に対する言葉に「世襲」という用語があります。日本では国会議員の世襲率が上がっています。夫が死んだらその夫人が夫の遺志を継いで国会議員選挙に出馬して当選するのも一種の世襲です。

陶磁器職人、歌舞伎役者、落語家、何百年続く和菓子屋や蕎麦屋など、何代にもわたって受け継がれて行くのが日本の特徴です。親族や有能な人に継がせるなど、その形は違っても代々にわたってその地盤や技を継承します。安定した社会的な背景がなければ不可能なことであり、たとえ小さな店でも誇りをもって受け継ぎ、コツコツと積み上げていく精神が日本人にはあります。

これに比べて韓国は落ち着いて家業や技をコツコツと受け継ぐには、あまりにも社会が不安定でした。朝鮮王朝をとってみましても豊臣秀吉の侵略（一五九二年、一五九七年の文禄・慶長の役）で朝鮮全土が焼土化しましたし、清の二度にわたる侵略（一六二七年、一六三六年）がありました。家業や技術を伸ばすよりも、外国の軍隊から身を守ることのほうが先でした。庶民の生活には大きく影響のないことですが、三度にわたる王の廃位がありました（六、十、十五代王）。日本でいえば、江戸時代に徳川幕府の将軍が親族や家来からその座を引き摺り下ろされることに相当しますが、日本ではそのような事態はありませんでした。

日本から独立してからも左翼と右翼の思想的対立やソ連とアメリカの覇権争い、その延長線での韓国戦争（朝鮮戦争）、そして独裁政治と四・一九学生革命（一九六〇年）、軍事革命（一九六一年）、八十年代の民主化運動と目まぐるしく「変化」して落ち着く暇がないので、日本のように既得権を積み上げる余裕がありませんでした。安定した社会でそれぞれの持ち場でコツコツ積み上げるには社会の変動が激しく不安定な状態が続き、どのように外圧に対処すべきかに全神経を集中せざるを得なかったのです。そのおかげで瞬発力が養われ外の動きに敏感に対処する能力が発達しました。長いスパンで信用を積み上げるのでなく、目前の危機を乗り越えるノウハウが蓄積されたのです。

ランキング好き

昨今、アメリカや日本の女子ゴルフ界で韓国人が活躍しているのも、このようなＤＮＡが作用している気がしてなりません。危機に対する集中力と気持ちの強さが好成績につながっているように思われるのです。反面、一つのことを地道に追究し完成度の高いものを作る日本人の感性は長きにわたる安定した社会が育んだのではないでしょうか。

日本の幕藩体制（地方分権）は権力が分散され、それぞれの分野で一番になることを可能にしましたが、韓国のような中央集権体制が続いた社会では、トップから底辺までピラミット型で秩序立っていますので、より良い位置に上るためには絶えず上を目指して「人間的成長」（自己変革）をしながら「身分上昇」し、序列を一つでも上げなければなりません。ある韓国論の本に韓国人は「ランキング好き」と書いてありましたが、このような歴史的背景があるからだと思われます。韓国の中学一年生の話を耳にしたことがありますが、「前期の成績は全校で十九番だったので、後期はトップテンに入るために頑張る」と机に向かいました。その中一の学生は早朝から夕方までビッチリ学校で勉強し、さらに夕方六時から夜十時まで塾に通っているそうです。

第四章

韓国とお酒とビジネスと

爆弾酒

爆弾酒のルール

韓国のお酒の席で欠かせないのが爆弾酒です。韓国人とお酒を飲んだことがある人ならおわかりでしょう。

恐らくおいしいという経験よりは、無理やり飲んだか飲まされたことが脳裏をかすめたのではないでしょうか。しかし韓国ではこの爆弾酒を飲むことですぐに親しくなれたり、ビジネスがうまくいくプラス面もあります。そういう訳でうまく爆弾酒を飲んで、ぐっと韓国人と親しくなる方法をお教えします。

爆弾酒は特定の銘柄やお酒の種類ではありません。多くの人が集まったときにその場や宴席で作るお酒で基本的にはビールと焼酎、またはビールとウイスキーを混ぜて作ります。

普通のビールグラスにウイスキーか焼酎を入れたワンショットグラス（一番小さいグラス）を入れて混ぜます。アルコール度数四十度のウイスキーを六度前後のビールに混ぜて飲むのですからウイスキーを一気飲みするよりは飲みやすいはずです。ビールの量だけウイスキーの度数が減るのですから……。

でもただ混ぜて飲むだけでは爆弾酒とは言いません。作法に則って飲まなければ爆弾酒とは言えません。

その作法とは、

①その場の一番偉い人が作り、まず自分で飲んで次々に作り回すのが一般的です。

②飲む前に一言スピーチをする。

会社の集まりでしたら目標達成しますとか、お祝いの場だったら主人公を立てる話をするなどをします。

③その後、一気飲みしますが、最低飲み込む回数を四回以内にしなければなりません。ゴックン、ゴックン、ゴックン、ゴックンと四回で喉を通すのです。なぜ四回かというと、ゴルフになぞらえて四回をパーと考えるからです。ですから、四回で飲み干さなければ罰としてもう一杯飲むことになります。

あわてて飲むあまりこぼしたり、飲む途中でグラスをテーブルに置く、途中で一休みなどをするとOB扱いでもう一杯飲まされます。

二回や三回で飲んだら拍手喝采です。イーグルでありバーディーを取ったことになるからです。

④その場にいる人が順番に飲み干していきます。

⑤一回りしたらまたはじめの人か次席の人が製造して、また回します。

なぜ爆弾酒と言うかには諸説あり、コップのビールが火薬で少量のウイスキー（焼酎）が雷管にたとえられるという説と、一気に飲み干すと爆弾にあたったようなダメージがあるからだという説が代表的です。

なぜこのような飲み方が流行ったかというと、

①一気飲みをすると酔いが早く回るので、短時間で雰囲気が良くなる。

②一気に打ち解けて仲間意識が高まる。

③短時間で酔うのでお酒代が安く済む。

④その場の長がたくさん飲まなくてもよくなる。

普通宴席ですと、お偉いさんがその場にいる部下に酒を注いだり、返杯を受けたりして、自分にお酒が集中して早く酔ってしまうので、このような飲み方が編み出されたとも言われます。

この方式ではお偉いさんに偏ることなく、公平に飲めて、一人ひとりの動作を観察できるとも考えられます。

爆弾酒の効用

このような飲み方は八十年代から軍人、新聞記者、検事らの間で流行りだしたと言われてますが定かではありません。最近は四、五人以上が集うと爆弾酒をはじめるのが普通です。

この爆弾酒方式が日本で流行ってもいいと思いますが、韓国とお酒を飲む文化が違うので流行りません。韓国や中国では初対面の人とお酒を飲むことは仲間になれるかどうか、打ち解けられるかどうかを見極める意味合いがありますが、日本では初対面の場で乱れてはいけないという意識が作用して無理な飲み方はしないような気がします。

韓国や中国では、はじめて飲む相手ととことん酌み交わし親しくなれば十年来の友のようになれることもしばしばです。何回もお付き合いしてから親しくなるよりもお酒を介して一気にお付き合いするかどうかという根踏みをしながら飲み交わします。酔ったら地が出ますし、酒を酌み交わして情を絡ますことも可能です。また、いろんな感情を発散するのが韓国式の飲み方です。

安く早く酔える爆弾酒もこのように仲間意識、団結心を高揚させ人間的絆を強くするのに役立っています。

健康と引き換えに。

爆弾酒を覚えれば韓国は怖くない!?

爆弾酒あれこれ

爆弾酒は、ビールの入ったグラスにウイスキーが入ったワンショットグラスを入れて飲み干し、カランカランと音を出して飲み終わったことを告げる仕草をするのが定番ですが、他にもいろんな飲み方があります。

ウイスキーをワンショットグラスに入れず、直接ビールに混ぜてティッシュでグラスにふたをして手首で一気にお酒が混ざるように回してグラスの中で竜巻を作る爆弾酒もあります。スナップを利かせ見事竜巻がグラスの中で起きたら拍手喝采です。

この他、ビールの入ったグラスをその場の人数に合わせて並べ、その上にワンショットグラスをコップの間に落ちないように並べ、ドミノ式にグラスを落とす方法もあります。端から順

爆弾酒の一種

にビールグラスの上のショットグラスが次々にグラスに落ち込む様は場を大いに盛り上げます(写真参照)。あまりにも多くの作り方があるので全部は挙げられませんが、最も韓国的な忠誠酒《チュンソンジュ》について書きます。

忠誠酒は、ビールが入ったグラスの上に割った割り箸を二本架け、その上にウイスキーが入ったワンショットグラスを載せます。テーブルにはお絞りをクッション代わりに置き、額をテーブルに打ち付けて、その振動で割り箸の上のワンショットグラスをビールが入ったグラスに落とす方式です。上の小さなグラスが見事下のグラスに入ったら成功ですが、痛いので手加減するとびくともしないため何度もしなければならないことも……。これは大変痛い爆弾酒ですので、それぐらい相手に忠誠を誓うという意味合いがあります。あまり一般的ではありませんが、酔った勢いで作る痛い爆弾酒です。

爆弾酒だけでなく韓国ではお酒をいろいろな形で混ぜて飲みます。ビールだけでは味気ないので焼酎を入れて飲みますし、漢方薬が入った「百歳酒」を焼酎で割って飲む方式もあります。「百歳酒」を割るのですから百歳の半分の「五十歳酒」と命名して飲みます。焼酎をサイダーで割って飲むのも一般的です。

さすがに最近ではありませんが、昔は焼酎に胃腸薬のソルマック(青い液体の薬)を混ぜて飲みました。その青い色を見たらカクテルと間違えそうですし、野いちごのお酒を焼酎で割ると鮮やかなピンク色のカクテルのでき上がりです。ただし飲みやすいので飲みすぎにご注意ください。このように韓国人は割って飲むのが好きですが、日本のような水割りは歓迎されません。

何年か前、ウイスキーの最高峰であり一本三万円前後（それも免税価格で）する「バランタイン三十年」がたくさん売れている韓国に、感謝の念を持って訪れたバランタイン社の会長が、手塩にかけて作った高級ウイスキーの「バランタイン三十年」をビールに入れて飲む爆弾酒の飲み方を見て、怒って帰ったという記事を読みました。三十年もの長い年月を掛け熟成させたウイスキーを、ビールごときと割って飲まれたくない気持ちはよくわかります。

韓国ではお酒は楽しく飲み人間関係を滑らかにする方に重きを置きますので、お酒の飲めないビジネスマンは苦戦します。韓国だけでなく中国でも同じではないでしょうか。

爆弾酒戦法

中国ではじめて会った地方空港の航空会社の関係者と夜を明かして酒を酌み交わし兄弟分になったら、飛行機が着陸するごとに払うハンドリング料を半額にしてくれたという嘘みたいな話が成立しました。このような体験は地方ごとに大なり小なりよくありますが、徹底的に飲まなくてはならないので体が持ちません。

ある地方では爆弾酒を作り相手を酔わすことに成功しました。中国では度数が五十度を超える白酒《バイチュー》を飲まされるので、宴会の前に酔わない薬や健康食品を飲んでから挑みますが白酒が相手では太刀打ちできません。そこで頃合を見計らって、爆弾酒を製造（？）します。

爆弾酒を飲ませますとだいたい三、四杯で相手は酔います。爆弾酒の度数は大体二十～三十度くらいですから、五十度のお酒で鍛えられている中国人にとっては何でもないはずですが、コロッとまいるので不思議でした。おそらく胃が飲み慣れていないお酒を受け入れると、その備えができていないので早く酔うのだと思います。

このことに味をしめ宴会ごとにウイスキーとビールを準備して挑みましたが、惨敗したこともありました。例のごとく白酒をある程度飲んだ後に爆弾酒を作り優位に立とうと目論見ましたが通じませんでした。相手はこちらが作った爆弾酒を飲み干した後、逆提案してきました。ビールに少量のウイスキーを飲んでも酔わないからと、「水爆」を提案してきました。

相手がその存在を知っているとは思えませんでしたが、恐怖の飲み方「水爆」を自ら作り飲み干した後、こちらにもグラスを差し出し促すのでこちらがはじめたことでしたから飲まない訳にはいかなくなりました。

「水爆」とは爆弾酒の逆で、ウイスキーの入ったグラスに申し訳程度にビールを入れて飲むものです。その爆発力は数十倍効果があります。想像してみてください。ビールグラスにウイスキーが並々つがれ、申し訳程度にビールを入れて飲むのですからその威力は絶大です。「水爆」をやっとのことで二杯飲み干し宴会がお開きになった後、どのようにホテルの部屋に帰ったか記憶がありません。

上には上がいるものだと兜を脱ぎました。恐るべし中国人！

お酒の話

お酒の作法

韓国や中国では日本よりもお酒の作法に多少こだわりがあります。

「乾杯」のときは文字通りにグラスを飲み干すのが一般的です。口を付けただけとか半分飲んだだけでは場が盛り上がりません。飲み干してグラスの底を見せるのが中国ですが、韓国では一滴も残ってないことを証明するために時折頭にグラスをかかげます。韓国や中国では相手との距離を縮めるのがお酒を飲む目的の一つですから、一気に飲みグラスをかかげます。

また、日本のようにグラスにお酒が半分残ったからといってつぎ足しはしません。空になった状態で注ぎ、飲んだ後に返杯するのが普通です。

昔は日本でも差しつ差されつ飲み交わしましたが、今では少なくなりました。韓国では返杯に飽き足らず腕を絡ませ「ラブショット」をしてスキンシップをします。さすがに最近では少なくなりましたが、気分が良ければ首に巻いているネクタイをほどき部下に与えたり交換したりして親密さを表します。

杯を左手で受けるのはマナー違反という点では両国とも同じですが、韓国では日本以上にこだわります。左利きでもグラスは右手で受けるのが礼儀です。相手に注ぐときは左手を添えますがこれは目上の人に限ります。同僚や友達に手を添えるのは心を許していないと受け取られますので気をつけてください。

意外と忘れがちな行為として、乾杯するとき相手のグラスにぶつける位置を気にしていないことがあります。相手が目上の人でしたらそのグラスより下の方に当てて乾杯すべきでグラスの上、同じ位置では礼を欠くことになります。特に中国はこだわりますので気をつけてください。こんな作法を知らないと、せっかくのビジネスが台無しになりますし、信頼関係を築けません。

お酒の効用

韓国や中国ではお酒を通して相手の人間性を把握して、信頼できるか見極めるのですから、マナーに気を配り相手の懐に入らなければ意味がありません。せっかく無理して飲めないお酒を飲み、場を取り繕ったとしても飲んだだけでは体を壊すだけで意味がありません。たとえ酒が弱くてもマナーを心得、最善を尽くせば評価されます。

飲めない人はどうするか。最初から飲めない旨を告げればすみますが、途中でこれ以上飲めないと断るのはお付き合いをしないと言うことに等しいのです。韓国人や中国人はお酒を通して相手を値踏みし、長く付き合えるかどうかを判断します。二人の間の距離を一気に詰められるのがお酒の最大の効用です。

たとえ酔ったとしてもその必死度に相手は胸襟を開きます。酔っ払ったとしても相手に介抱してもらったり世話を焼かせるのも親近感を示すもので、ビジネスにとって決して悪いことではありません。再度会ったときに自分の酒の弱さを恐縮し、相手の酒の強いことを称えその面子をくすぐれば関係はぐっと近くなります。

中国では自分が飲めないか、飲みたくないときは美人でお酒の強い女性を連れて来ることもあります。いわゆる兵法三十六計にある「美人の計」です。女性が飲めるといってもたかがしれていると高をくくると失敗します。華奢な体つきの美人が愛嬌をふりまきながら酒をすすめるのですから、男の面子もあり飲まない訳にいかず、ついついその集中攻撃にあい沈没してしまいます。その強さは半端でなくさすが宴会に引っ張り出されただけのことがあると感心します。その危機を打開するのが必殺「爆弾酒」です。自分への攻撃をかわし相手が飲み慣れていないお酒で公平に杯が行き渡るようにすれば何とか脱出できます。ただし中国人も韓国人の爆弾酒に慣れ、その威力を知ってきたので過信は禁物です。

距離感の違い

韓国人と日本人の違いは距離感にもあると思います。韓国人は初対面でもお酒を酌み交わすことにより十年来の友になりますが、日本人は「初対面の人に失礼になってはいけない」と一気に距離を詰めることはしません。韓国では親しくなったらすぐ自分の家に連れて行き距離を詰めますが、日本人は段階を踏んで距離を詰めようとします。

昔の日本の映画を見ると、同僚と酒場で飲んだ後に家に連れて行くシーンがよく見受けられますが、私は日本勤務中一度もありませんでした。時代の流れなのでしょうか、聞くところによると韓国も昔ほどではないそうです。

韓国では久しぶりに会ったらハグをし親子でも手をつなぎますが、日本ではあまり見られません。これも距離感の違いでしょうか。スキンシップしすぎなのか、しなさすぎなのかはわかりませんが……。

余談ですが、韓国で乾杯をするとき「乾杯」というよりも「ウィハヨ」という言葉をよく使います。

これは「何々のために」という意味で何々に入る言葉は各自で好きなフレーズにします。「家族のために」、「健康のために」、「会社のために」、「目標達成のために」などなど、韓国人との酒の席で「ウィハヨ」と発声すればぐっと距離が詰まります。

上下関係

神父様

日本に来て驚くのが人間関係です。日本はどちらかというと友達感覚、つまり水平的で、韓国は上下関係、垂直的です。

私が通っているカトリック教会での神父に対する接し方を見てもそうです。

韓国人の信者にとって神父は神様に近い存在でその権威は絶対です。まるでお殿様に接するように手厚くもてなします。上座にお座りになるのはもちろん食事の内容にも気を遣いますし、どこかへ行くときも電車でなく自家用車でもてなします。民主的（？）な神父がいて「信徒と一緒でいい」といってもそれは礼を欠くものとして受け入れられません。

私がこの原稿を書いているときも思わず「神父」では礼を欠くので「神父様」と書かなければと思ってしまうのです。

これに比べて私たち韓国人にとって、日本の神父は大変民主的で友達感覚です。

偉ぶらず謙虚で食事会で神父も割り勘なのにビックリしました。韓国では一緒に食事してくれるだけでも光栄なのにお金を払わせるなんてもってのほかです。正月など特別な日には食事を作ってもてなすか、レストランにお招きして接待をします。

これだけ書いたら韓国の神父が横柄で偉そうにしていると思われるかもしれませんが、神父は神父なりに自腹を切って信徒たちをご馳走したりして心を通わせます。一緒にお酒を飲んだり、カラオケに行くなど情を通わせながらキリストの教えを広めていきます。

もちろん日本の神父もしないわけではありませんが、情の厚さが違います。サラッとしたドライな関係とコテコテな情の関係とでも言いましょうか。

過剰な肩書

このようなことは何も教会に限ったことではありません。韓国では普通で、上の人の権限は日本の類ではありません。

こんなこともありました。韓国では社長、教授、店長など目上の人には肩書の後に「ニム」を付けて呼びます。社長ニム、教授ニムという「様」を付けます。さしずめ「社長様」「教授様」と呼ぶようなものです。日本の人にとっては「社長」だけでも十分敬っているのにやりすぎだと思いますし、韓国人は「社長」だけでは尊敬してないように感じます。

日本語のわかるある韓国の会社の社長が日本に来たとき、取引先の社長に現地の部長が自分の社長を「わが社の社長の○○です」と（ニム、様）を付けずに紹介したとして腹を立てたばかりか、相手の通訳を勤めたスタッフが「私共の社長△△です」と言ったことにも怒ったそうです。

「なんて自分の社長を敬わない礼儀知らずの社員だ」と。笑えない本当の話ですが、人間の習慣とは恐ろしいものです。日本生活の長い私ですら理屈ではわかっていますが、今でも目上の人に「ニム」を使わないとむずむずします。日本の人にとっても肩書の後に「ニム」を付けるのは抵抗があるのではないでしょうか。

ちなみに韓国は目上の人であれば相手、身内に関係なく「ニム」をつける絶対敬語を使い、日本は身内にはへりくだる相対敬語を使います。

この習慣も韓国と日本の人間関係において上下意識の濃淡がベースにあるからではないでしょうか。会社や組織でなくとも年の差だけで「형《ヒョン》」（兄さん）、「동생《トンセン》」（弟）、「언니《オンニ》」（姉さん）、「동생《トンセン》」（妹）等と上下に序列化します。そのほうが精神的に安心するからだと思います。

目上の人は下の人の保護と面倒を、下の人は目上の人に服従して依存し合うのかもしれません。

カリスマの国

上下関係の由来

韓国社会では水平的な人間関係よりも垂直的な上下関係だとお話ししました。

その由来はいろいろありますが、歴史的な背景、儒教の影響、軍隊経験からくるものだと考えられます。

長い歴史の中で韓国は半島という地政学的な位置から、大陸から海へ、海から大陸に進出する通り道であるため周辺国にとって確保したい場所でした。古くは蒙古族の元が日本に攻め込むルートでありましたし、近代においては日本が大陸に攻め込む重要な拠点でした。東に不凍港を確保したいロシアにとっても欠かせない半島でした。

このような地政学的な位置にある韓国は常に外からの侵略の脅威にさらされていたため、会議などの民主的な時間を掛けて長々と「ああだこうだ」言っている暇がなく、常に強力なカリスマが求められました。即ち瞬時に決断を下せなければなりません。敵の脅威に素早く対応できるリーダーシップ、命令一下でスピーディーに動く組織でなければ国は滅びてしまいます。

そのおかげで、あの中国大陸の強大な王朝隋、唐、元、明、清が攻め込んできても韓民族の国家が維持され、今日に至っているわけです。中国地図を見ても西のほとんどが中国の勢力圏ですが、東の端にあるちっぽけな半島だけが独立国として残っているのですから、その粘り強さはなかなかのモノです。

その源は中央集権的な組織のもとでの上意下達、つまり一糸乱れぬ上下関係のおかげです。その精神的バックボーンが儒教の教えです。王は臣下を子のように思い、臣下は王を親のように敬う教えが日本よりも徹底したのは、このような韓半島の特殊な背景があったためではないでしょうか。

日本の敗戦後に独立した後、米ソの冷戦構造がありながら韓国が今日、自由民主主義国家として存在できたことにはいろいろな異見がありますが、李承晩大統領の決断とリーダーシップがあったことは確かです。今日の経済先進国になったのも異論はありますが、朴正熙大統領の功績です。また、世界企業になったサムスン（三星）、現代自動車にもオーナーの強力なカリスマがありました。

強力なリーダーシップ

「異見」、「異論」と但し書きをしたのは、別の面から見れば独裁者とみなされてもしょうがない面があるからですが、多かれ少なかれ強力なリーダーにはつきものです。

サムスン、現代自動車などのオーナーも、当時としては採算面やいろんな状況からして不可能と思われた半導体、自動車産業に進出して今日の成功を収めました。オーナーではありませんが、ポスコ（製鉄会社）も当時の韓国の経済水準では製鉄産業を興せる技術をはじめとするいろいろな要素が備わっていないと最初は欧米諸国や日本から足蹴にされましたが、日本の心ある方たちの協力を得て朴泰俊《パクテジュン》社長は世界的製鉄会社浦項《ポハン》総合製鉄株式会社を作りました。これぞ「成せばなる」の精神です。

もちろん、韓国人は独裁者賛成論者ではありません。行き過ぎた権力の乱用は四・一九学生革命、五・一六軍事革命、八十年代の民主化運動などでゆり戻し、その過ちを果敢に打ち壊します。

話がだいぶそれましたが、このような歴史的背景だけでなく、北朝鮮と対峙している韓国では男性に兵役の義務があります。成人した男性は陸軍、海軍、空軍（本人の希望でどれかに入隊する）に入隊し、一定期間軍隊で生活しなければなりません。人の命を扱う軍隊では当然の如く上意下達で上官の命令は絶対です。撃てといわれて撃つ前に「なぜ撃つのですか」とか「今じゃなければいけないのですか」と言っていたのでは敵に殺されかねません。

このように韓国人のＤＮＡには上の人を敬う、下の人の面倒を見るという上下関係が体に刷り込まれています。電車の中で老人が来たらサッと席を譲るのを見ればわかると思います。

但し、最近は席を譲らない若者が見られて残念ですが……。

韓国の会社事情

韓国の人事

毎年十二月に入るとサラリーマンはソワソワしはじめます。年末の人事があるからです。日本と違って、韓国の会計年度はほとんど十二月締めの一月スタートです。サラリーマンにとっては昇進が最大の関心事ではないでしょうか。役員になれるかどうか、同期より先に部長になれるかどうか、退任になるのかどうか、個人の人生がかかっていますから情報収集や力のある人を訪ね、「よしなに」と頼み込んだりする人も見かけます。

情の国である韓国では人付き合いを大切にしていますので、人事異動には内外のいろんな場所から圧力がかかり、人事担当はその対応に追われます。

日本のように当人に事前に内示しようものなら、当初の人事案は大幅に変更を余儀なくされます。移動する場合でも「やれ国内じゃなくて、海外それもニューヨークに行きたい」と外部の有力者を通じてねじ込んできますので、その一人のために全体の人事案をいじらなければならないのですから大変です。このような弊害を防ぐため、韓国では原則当人に内示せず人事発表をします。発令を受けた者は急な話で大慌てです。前もって準備する余裕がないからです。特に外国に発令が出た人はなおさらです。

もちろん、このような光景は多かれ少なかれ日本でもあることですが、違うところは韓国では、役員になっても必ずしも任期が保障されない点です。日本なら取締役になったら特別な失敗がない限り任期は保障されますが、韓国の場合は毎年一喜一憂しなければなりません。もちろん退任ばかりでなく、破格の昇進もあるのですから気を揉まざるを得ません。

任期が保障されないことから、韓国の役員は「臨時職員」と呼ばれることもあります。韓国では「役員」のことを「任員」と言い、この「任」の発音が臨時の「臨」と同音であることから「臨時職員」、つまり期限が保障されない職員と一緒だと言っているわけです。

部長クラス以下のスタッフは組合が守ってくれるので不当に辞めさせることはできませんが、役員は簡単に首を切れることから陰でそう呼び、「偉くなりたくない」という言葉を酒の席でよく耳にしますが、それでも役員になれと言われて拒んだ人を一人も見ませんでした。

最近では、部長職の人がなかなか辞めないので役員に昇進させて首を切るということもあるそうで、自らアピールしても素直に喜べない人事も……。

オーナーの権限

韓国には普通、会長、社長、副社長、専務、常務、部長と日本と同じ階級がありますが、その権限はだいぶ違います。ほとんどの権限はオーナーである会長にあるので一応「取締役会」があっても日本ほどの力はありません。

ですので、日本のように「取締役会」で社長や会長を解任するというケースはほとんどありません。全ての人事権と予算権がオーナーに集中しているので、日本の会社に見られる〇〇社長派、△△専務派などの派閥はありません。あったら会長が黙っていません。唯黙々と会長の指示に従い考え動く、極端な言い方ですが、役員でさえも社長級社員、専務級社員とみなされる一面を持ち合わせています。

一昔前の日本がそうであったように、韓国はオーナーの力が強いのが特徴で、サムスン、現代自動車、ＬＧ（エルジー）、ＳＫ（エスケイ）など財閥のほとんどがオーナー体制です。最近躍進しているサムスン、現代自動車などの原動力は強力なリーダーシップによる即断即決の結果です。いちいち根回しして稟議書を回していては、めまぐるしい変化についていけません。

今はオーナーシップのプラス面が出ていますが、マイナスに作用したら取り返しがつかなくなります。一九九七年のＩＭＦ経済危機がその良い例でしょう。

韓国でも二〇一六年から定年が六十歳に延びます。（早いところは二〇一五年から）けれども、韓国社会、特に大会社では四十五~五十歳までに役員になれないと、「名誉退職」という形で肩たたきにあうのが現実です。日本のサラリーマンよりも厳しい条件だと言えます。

最後に韓国のこんな風刺を。

沙悟浄（西遊記で三蔵法師のお供の一人）はサオジョンと発音しますが、「四十五定」と発音が同じで四十五歳になったら定年、肩たたきにあうたとえとして使われています。

他にも五六島《オリュッド》（チョー・ヨンピルが歌って大ヒットした「釜山港へ帰れ」の歌詞にも出てくる島で見え方や潮の満ち引きで五に見えたり六に見えたりする島）、オリュッドと発音し五十六歳まで会社にいたら泥棒だとのたとえもあります。それだけ定年前に圧力がかけられているということです。

※（ド）は韓国語の泥棒野郎（トドゥンノム）の頭文字。

CAサービス

おもてなし

何年か前日本の某大手航空会社のトップが韓国のアシアナ航空会社に乗り、感心したそうです。その会社のキャビンアテンダント（以下CA）の親切ぶりや溌溂としたサービスの良さに、自分の韓国人観が変わったと言っていました。つっけんどんでいやいやながらサービスしていた昔のイメージしか記憶になかった彼にとって、額に汗して一生懸命サービスする彼女らを見て、日本のかつての姿を思い起こしたようです。

日本に帰ってきてすぐ相互（韓国と日本）フライトに何名かの乗務員を交換して乗せることにしました。

「おもてなし」の国日本が誇るサービスを韓国の航空会社が行っていることに少なからずショックを受けたようですが、それもそのはずで、一昔前は韓国のホテルや店でのサービスだけでなく、韓国人女性は愛嬌もなければ人前で笑うことも良しとしなかったのです。

接客業の最先端を行く航空会社にとって、この習慣はサービスの低下に繋がりますのでなおさらまずかったわけです。

当時独占だった韓国の航空会社は、せめて笑顔でサービスをさせるため、社内で「スマイルコンテスト」を行いました。各自笑った顔の写真を撮り掲示板に展示し、人気投票で十人を選抜し笑顔を競わせました。最優秀者には盾と、当時としては高額の十万ウォンが副賞として贈られました。最優秀者のＡさんは賞金をバッグに入れ、盾をゴミ箱に捨ててしまいました。通りかかった上司はビックリして彼女を怒りました。当然謝ると思われたのでしたが、Ａさんはむしろこんな盾を家に持って帰ったら、両親に叱られると平然と話していました。

「女の子が外で笑みを振りまくのは、尻軽女がすることで礼儀に反する」と教えられていたからです。このように、韓国は儒教の影響で特に女性の躾にうるさかったのです。昔はデートの食事でも、女性が彼氏にお酒を注ぐことをしませんでした。結婚の約束をしてはじめて注いだそうです。

空の星を取るように

話をＣＡに戻しますが、当時は海外旅行の自由化前でしたので、外国旅行は夢のまた夢でした。女性が働ける職場も少なく、韓国でＣＡになることは「空の星を取るようなもの（하늘에《ハヌレ》별따기《ビョルタギ》）」と言われました。

女子大の名門梨花女子大学出身者で、それも競争が激しい英文科、仏文科出身が大勢を占めていました。さしずめ日本だと聖心女子大学、御茶ノ水女子大学クラスのエリートが制服を着てサービスをしているようなものです。エリートが腰を低くし、笑顔で女中のような仕事をするのは抵抗があったはずです。大金持ちの令嬢らも多くいたのでなおさらです。

このように、当時のCAは狭き門でしたので、競争率が高く羨望の的でした。

競争率が高いと、当然コネを使って裏口から入りたがる人が出てくるもので、そういう人ほどアピアランスや態度が悪く語学ができないのです。このような状況ですからサービスが良いわけありません。

けれども、「おもてなし」の国日本が隣にあり、良い模範を示してくれたおかげで、「日本に習い追い付き追い越せ」の精神と、経済の発展や社会の成熟、ライバル航空会社の出現などの諸条件により、今や世界の航空サービス大賞を総なめにする「おもてなし」を多少でも提供できるようになったのですから、当時を知る者としては感慨深いものがあります。

飛行機を飛ばす（一）

猪突猛進

韓国人との交渉ごとは、日本人にとって疲れる仕事の一つではないでしょうか。韓国は軍隊経験（命令の遂行はどんな困難があっても達成しなければならない）と、オーナー体制（上意下達）の影響からか、目的を達成するまでガムシャラに相手を責め、相手の立場を理解して適切な落しどころを探そうとしません。まさに攻撃一本やりです。

最近はどうか知りませんが、十年ぐらい前までは日本の経済力が韓国を上回っていて余裕があった点と、日本人特有のやさしさ、特に相手を重んじる心配りの点からいろいろな交渉ごとで、日本側が韓国側の要求を受け入れたような気がします。

日韓の航空会社による交渉においても、日本と韓国の航空会社に大きな差があったため最後には日本側が譲歩する場面を何度か目撃しました。韓国の会社から「○○の路線権を取れ」という至上命令が下れば、それこそ死に物狂いで食い下がり、交渉相手の家まで押しかけた韓国の航空会社の兵《つわもの》もいたそうです。

その無鉄砲なやりかたに辟易して譲る余裕や、やさしさから韓国側の要求を受けいれたケースもありました。

そのおかげでしょうか、日韓線の地方からの路線は、ほとんど韓国キャリアが運行しています。もちろん、日本政府に地方都市出身の国会議員や、自治体からの圧力・陳情があった点も見逃せません。日本の地方都市から韓国ソウルを結ぶ路線ができれば、海外旅行が便利になり、自治体の首長には国際路線を作ったという実績が残ります。

近くて近い国

結果的に、韓国側から押し切られた形で、日本の地方と韓国を結ぶ国際路線が北は札幌から南は沖縄までそこかしこにできましたが、結局はその路線のおかげで、今日、韓国の観光客が日本に押し寄せ地方都市の活性化に貢献しているのですから、譲歩した形はとりましたが、長期的観点から実を取った日本政府のしたたかさ（?）が見え隠れします。

何しろ当時一九九〇年代は、地方都市の国際化ブームでしたから、韓国の航空会社は引っ張りだこで、ある地方都市を訪れたときはテレビカメラが回るは、新聞雑誌のカメラのフラッシュがたかれるわで、ビックリしました。挙句には、生まれてはじめて記者会見をし、翌日の地方紙の一面に顔写真入りの三段記事が載ったほどでした。

知事にお会いすることもそれほど難しいことではありませんでした。ですが、三十数社が乗り入れている国際都市東京では冷たいものでした。新規乗り入れしたという簡単な事実報道の一段記事がやっとでしたし、都庁を訪れても課長補佐が応対する事務的なものでした。

一時は三十都市近くあった地方都市とソウルを結ぶ路線は、昨今の日韓関係の悪化から需要が減り、大幅に減便されましたが、一日に一万人以上の人が日韓間を往来するほど「近くて遠い国」から「近くて近い国」になったのは韓国側の「成せばなる」という強攻策が功を奏した一面があります。

「道がなければ作ってでも突き進め」という強い意志が、資源もなくマーケットもないなか、五十年の短い期間で世界十五位の経済力を持ち、民主化を果たした原動力でした。

しかし、昨今の韓国を見ると、その反動やマイナス面が浮き彫りになり、韓国社会全体が落ち込んでいます。けれども「하늘이《ハヌリ》 무너져도《ムノジョド》 솟아날《ソサナル》 구멍이《クモンイ》 있다《イッタ》」（空が崩れ落ちてもどこかにそそり立つ穴があるはずだ）という楽天的な格言からも必ずや息を吹き返すに違いありません。

話す言葉で人は変わる　飛行機を飛ばす（二）

中国と日本

航空会社に勤務していたとき、日本の十都市とソウルを結ぶ新規路線を締結しました。その後日本での任務を終え、ソウルで本社勤務をしていたときに発令をいただきました。日本での経験を活用するためでしょうか、会社は私を思いもしなかった中国路線新規締結の責任者に任命しました。日本は幼少のころから育った場所ですから、言葉に不自由がなく多少事情にも通じていましたが、中国はまったくといっていいほど状況がわからない白紙状態でした。もちろん内示がなかったため、言葉やお国柄を事前に勉強する期間も与えられませんでした。けれども、営業の第一線の現場で育った私にとって、本社勤務は息の詰まる思いでしたから二つ返事でお引き受けしました。

当時、中国路線は正式な定期路線がなく、いつでも当局が取り消せる臨時の不定期便を運行しているに過ぎませんでした。早く定期便化し、さらに地方路線も拡大するのが私に課せられた仕事でした。日本で各都市と交渉してきた経験から、仕事上は不安がありませんでしたが、その楽観が悲観に変わるのにそう時間はかかりませんでした。

日本では、地方都市の乗り入れが県民の海外旅行を便利にし、また韓国からの観光客により地方経済が潤う効果から、航空会社の乗り入れに各県とも最大限の便宜を図ってくれました。就航時のお披露目パーティーの費用を分担してくれるばかりか、韓国からの来賓の車の手配、ホテル利用の便宜等、県庁が就航に関する仕事を積極的にサポートしてくれました。

各県のバックアップと熱意は、外国航空会社の乗り入れに対する先行投資だと受け取りました。

これは日本全国の都市に共通した支援でしたが、中国では事情が違い、初便を飛ばす直前まで手筈が整わないことが多々ありました。テープカットの韓中要人の並ぶ位置、ＶＩＰのもてなし、パーティーの挨拶の順番や座席の配置、ホテルでのルームの割り振りなどが事前に決まらずやきもきし通しでした。明日初就航便が飛んでくるのに前日まで何も決まってないという状況は、日本では考えられないことです。

日本が結ぶ縁

歴史ある古都に就航のときは、省（日本の県にあたる）の公用車でＶＩＰを送迎するのも有料で、ホテルの手配、就航パーティーも一人あたりいくらという手数料を請求されました。就航記念パーティーは折半でなく全額こちらの負担で、省で提供される全てのことにお金がかかりました。

「国際便が就航すれば観光客が増え省も潤うのに、何でもかんでもお金を要求されるのは道理に合わない」と是正を促しましたが、何回交渉してもらちがあきません。就航まで時間がないのに、中国側は悠然と構えて応じません。「提示した手数料を払わなければ協力しない」と、席を蹴って立つ省の幹部を追いかけ彼の部屋に押しかけましたが、なかなかまとまりませんでした。ですが、ふと彼の本棚を見ると日本の本がたくさん並んでいました。

話題を変え、日本語が読めるのかと日本語で聞いて見ますと、以前名古屋で四年間勉強したことがあると日本語で返事がきました。その口調は交渉していたときの横柄な中国語でなくやさしい日本語で、その身振りは紳士的ですらありました。私は彼に通訳をつけずサシで話そうと提案し、事務所ではなくホテルで二人だけで交渉しました。もちろん日本語で。彼も日本で生活したことがあったので、日本の各県の対応を話すと今までの交渉とは打って変わった態度で話が進み、彼は「日本と違って自分の部署は予算が少ないので、外国の航空会社や商社などから手数料をもらい運営せざるを得ない」と本音を覗かせました。

当時は経済的に豊かでなかったので、与えられた状況の中でそれぞれの部署が民間から経費を自己調達したりしてやりくりしていたそうです。

私は彼の立場を思い、要求額の二十％で妥協しました。それは飛行機が飛んでくる十九時間前で、それからは嘘のように仕事がはかどり全ての行事が完璧に行われました。過去にアメリカ大統領などの外国の要人のハンドリングをしてきただけに仕事は確かでした。

さすがに今は中国も経済的に発展しているので、私たちのような苦労はないと思いますが……。

面子が大事　飛行機を飛ばす（三）

新しい発見

「彼の立場を考慮して」要求額の二十％しか払わないのは、あんまりではないかと思われる読者のために申し上げますと、一般に中国の商店などでは提示額の二十％が適正価格と言われていますので、言い値の五十％で買ったと喜んでいては損をします。ちなみにまけてくれても韓国では二十、三十％、日本ではせいぜい五、十％ではないでしょうか。

私がこの交渉で要求額を低く抑えられたのは、先に就航していた日本の航空会社のアドバイスを事前に受けていたからです。「日本では考えられないことにもお金を要求されるから気をつけたほうがいい」という忠告を受けたため最後まで粘れたわけですから、この紙面を借りて感謝いたします。

私は、この古都での交渉で新しい発見をしました。人間は話す言葉で態度が変わるという事実です。

最初、交渉のテーブルに着いたときは中国語でしたので、普段のように公務員特有の居丈高な態度でしたが、日本語を話しはじめたとたん丁寧になり、ソフトな態度になるのですから驚きです。日本人的になり約束を守るのですから。

昔、韓国人上司に韓国語の居丈高な口調で「ああせい、こうせい」と命令されましたが、話を日本語で振ると急にやさしくなり、「～だろう、～じゃないか」とトーンダウンしますので、できるだけその重役とは日本語で話すように仕向けた経験を思い出しました。もちろん日本語を話したがる上司でないとこの手は使えませんが……。念のために。

格が違う

言葉だけでなく着るものによっても態度が変わるもので、ネクタイを絞め正装していると紳士的な振る舞いになり、予備軍（軍隊の義務を終え有事に備えた一般人）の訓練時に、軍服に近い制服を着ると所かまわず座ったり、粗雑な態度に豹変します。

言葉と着るもので、その人の人格がガラッと変わることを念頭に置けば、交渉ごとだけでなくいろんな場面で活用できると思います。

話を戻しますが、南方のある都市に就航するときも以前のように金銭面で苦労すると思い緊張しましたが、この省では金銭面での苦労は皆無で、食事の支払いも全部先方が払ってくれましたので勝手が違いまごつきました。

後から知ったことですが、この省は外国からの企業誘致等で財政が潤っていましたので、余裕があったようです。

その代わりプロトコール（儀典）を重視するので閉口しました。こちら側の来賓で誰が偉いんだとか、どんな経歴なのかなどを根掘り葉掘り聞かれました。

普通どこでもある程度の略歴は事前に渡すものですが、それ以上に要求され、たとえば、こちらの来賓が省長と格が違うから、と平気で約束した表敬訪問の相手が格下の副省長に変わり、当惑させられました。韓国も相手の「格」にこだわりますが、突然のキャンセルはしません。こちらの来賓で重量級の要人が来ますと、普段顔を出さない省の最高責任者である党の書記が出てきたりします。

中国の組織は、省長よりも共産党の省書記の方が格上ですので、日本のように知事である省長が一番偉いと思っては事を仕損じます。省の政治的方針の決定は書記が司り、その執行を省長が行うのです。

このように、中国では事前の約束でも「格」の問題などでトップがいても出てこないことが多々あります。韓国側でも省長と会うことを強く望むので、いかに省長を担ぎ出すかに現地の責任者の能力が問われます。

また、省長が出るといっても突然キャンセルされることがありますので、たとえ約束を取り付けても、本社の方には「副省長との約束は取り付けてあります。省長が多忙で来られないかもしれませんが、何とかしてみます」と報告したほうが無難です。来るはずの省長が来なければ嘘をついたことになり、会長に大目玉を食らいます。

ですから、副省長と報告しておいて省長が来たら、その間必死に努力した結果、省長が出席したことになり万事めでたしめでたしです。

中国は一党独裁体制ですから常に上に気を遣いますが、その分下のほうには強圧的で権威的です。韓国はそれほどではありませんが、まだオーナー企業が大勢を占めていますので、少なからずその動向に神経を遣います。その点、日本は両国に比べ民主制度が成熟していることもあり、まだ上司がフランクで下に気を配る方ではないでしょうか。

駆け引きの差　飛行機を飛ばす（四）

中国スタイル

日本での航空路線の就航はどの都市、県でも一様に同じ対応で可能でしたが、中国はそれぞれの省により千差万別のスタイルがあるので苦労しました。

ある古都では金銭問題で、ある裕福な省では外交儀礼で揉めましたし、風光明媚な小さな都市では外交的な付き合いがなかったせいか、感覚の違いで揉めましたが、その反面観光資源で公共施設でもある有名な洞窟で、就航パーティーを開ける特別配慮がありました。これは日本の秋芳洞でパーティーを行うようなもので、日本や韓国では考えられないことですが、韓国から来た来賓はありえない場所で音楽や料理を堪能できたのですから大喜びでした。

このように行く先々で対応が違い戸惑いましたが、よく考えれば当たり前のことで私の認識不足でした。

中国では一つの省に六、七千万の人口があるのですから、省でなく一つの国で捉えるべきで、省を県と捉えて行動した当方が見誤ったといえます。一つの省で韓国の人口（約五千万人）より多い省がたくさんありますので、単純に省イコール県と認識したのが間違いでした。

ちなみに、フランスが約六千六百万人（二〇一五年現在、以下同）、イギリスが約六千四百万人、スペインが約四千六百万人ですが、広州のある広東省は一億人を超えていますし、杭州のある浙江省が五千五百万人、三国志で有名な成都のある四川省は八千万人で、重慶市でも約三千万人います。このように、中国を考える場合は、「中国」とひとくくりで捉えたら状況を正確に把握できません。


ある都市の話です。

領収書のない手数料を請求されたことがありました。日本では考えられないことですが、予算の少ないいなかやり繰りせざるを得なければそうするしかないのかもしれません。と申しますのは、何もそのような行為を認めているのではなく、必ずしも日本の常識が全ての基準ではないということです。

日本の一億三千万人の常識は、その十倍以上である中国の十三億四千万人相手では通用しないということです。

人は往々に自分の価値観で判断しがちですが、果たして世界でも通用するかどうか、いったん考えてみる必要があると思います。

たとえば、自国が外国に直接支配された歴史を振り返ってみると、大雑把に見ても中国は蒙古族の元に約百年、満州族の清に約二百七十年間統治されました。韓国は日本に三十六年間支配されましたが、日本は一度も異民族に支配されていません。

この差が何度もお話ししている駆け引きの差に表れている気がします。

疑ってかかる

長い間異民族の支配下で虐げられれば打たれ強くなり、人に対しても配慮するよりまず自分の利害を優先しますが、そのような経験がない日本は人を疑うより相手の立場を思い行動してもリスクが少ないため、駆け引きや論争を苦手とし、露骨に自己主張しません。江戸時代以降長い平和な時代を送ってきた結果身についた慣習でしょう。

一方、中国人、韓国人はいつ何が起こるかわからない不安定な中で生きていくために、常に気を張り、身構えていないといけません。そのため他人は疑ってかからざるを得ないのかもしれません。

日本のように相手を慮って譲歩したにも関わらず、それが外国の相手には弱腰に映り、どんどん攻められてしまうので、心してかからないとズルズルと譲歩することになりかねません。

日本の地方都市にチャーター機を飛ばすときのことです。年末でしたので、わざわざ外国の飛行機を飛ばすために税関、出入国管理、検疫の職員は休日出勤するのは嫌ですし、断ってもなんら問題がないのですが、東京から地方まで三回も来られてはしょうがないと、その誠意を認めしぶしぶ許可してくれました。韓国や中国でしたら、そんな誠意はそちらの都合だからとまったく相手にしてくれなかったに違いありません。

どうしても飛ばさなければならないのなら日本のように何日もかけ地道な努力をする方法を取らず、多少高価でも相手が欲しがる物を渡せば一気に解決できます。何も高価な物でなくとも相手の必要な物であれば効果てきめんでした。交渉相手に当時流行りのＭＰ３プレイヤーをお土産に贈ったときは、彼の娘がちょうど欲しがっていたのでグッドタイミングでした。

中国の広大さ

빨리《パルリ》 빨리《パルリ》（早く早く）

中国語で「馬上《マーシャン》」という言葉があります。「すぐ」という意味ですが、日本、韓国と比べるとその速度面でだいぶ違います。日本と韓国でしたら、読んで字のごとく馬に乗っているのだからそれこそすぐ来ると思いがちですが、中国は日本や韓国のスピード感と格段の差があります。

仕事やレストランなどで、早くしてくれと催促すると「馬上」と返事が返ってきますがすぐ出来てくるとは限りません。中国航空当局にチャーター便の申請を一ヶ月以上前にしても「馬上、馬上」と言われますが、飛行機が飛ぶ一、二日前に許可が下りるのはざらです。許可が出ない間は不安なもので、もし出なかったら予約を入れてくれたお客にどう説明したらいいのかとやきもきさせられました。中国人にしてみれば、なぜそんなにあせるのかわからないのでしょうが、日本や韓国の商習慣からしたら期限目前の許可は胃がキリキリする思いをさせられます。

韓国人は中国人のことを「漫漫的《マンマンダ》」（スロー、動作が遅い）と蔑んだりしますが、それは韓国を基準にしているからです。何事も「パルリパルリ」（早く早く）というせっかちな物差しで計るからで、この物差しは日本でも同じではないでしょうか。

しかし、中国の国土は日本の二十五倍ですが、韓国にいたっては百倍の広さですから、いくら馬に乗っているからといって日本や韓国のように「すぐ」には着きません。中国で仕事をしていたとき、まず北のハルビンに行き、それから南の広州に出張する際は、冬物とその他の服を一緒に詰め込んで移動しました。広州から北のハルビンや北東のウルムチまでは列車で三日ぐらいかかるのですから広いといわざるを得ません。「馬上」といっても住んでいる空間が違えば、おのずとその広さでスピード感が違います。ですから、日本や韓国を尺度にして中国人を「のろま」扱いするのは間違いです。はじめてオーストラリアのゴールドコーストへ観光したとき、現地のドライバーのゆったりした動作にカルチャーショックを受けました。

最初は、なぜテキパキ動かないんだろうといらだちましたが、振り返ってみれば私たち韓国人や日本人があくせくし過ぎていたこと、自分たちの基準が世界標準ではないことに気づきました。

広い、多い、大きい

日本や韓国でしたら一日でいけないところはそうはありませんが、中国の広さはいくら馬の上にいたからといって「すぐ」にたどり着けません。

ものの本に「中国でお茶が流行ったのは、日本のように険しい山がなく水が濁っているので、熱して飲むようになった」とあります。お茶を沸かし冷めるまで待たなければならない中国人と高い山から流れてくるうちに浄化された玉水を「すぐ」飲める日本と韓国とは感覚が違って当然です。

何しろ日本と韓国の人口を合わせても中国の六分の一にしかならないので、日韓の価値観を基準に物事を判断するのは甚だ危険です。

中国を表現するとき、よく「広い、多い、大きい」と形容されますが、「馬上」で広さは証明されました。多さは約十三億の人口を有しているのですぐわかります。もし中国が日本に打撃を与えるなら銃剣はいりません。中国で一番多いとされる「王」さんを全部集めて日本に送り込むだけで充分です。

中国で一番多いとされる姓が、「王、李、張」でそれぞれ約一億人前後、一億の「王」さんを日本に移住させれば、日本の住民台帳は麻痺して役所は仕事にならなくなります。

日本と韓国と中国、それぞれの特徴

大きいことはいいことだ

大きさは万里の長城や故宮を見れば十分で、そのスケールは日韓束になってもかないません。昔の日本のコマーシャルで「大きいことはいいことだ」というコピーが流行ったことがありましたが、まさに中国がそうです。北京や上海には巨大なビルが林立していますので、日本や韓国に来た中国人は箱物の大きさに優越感を持つようです。ですが、安全に気を配り精密で細かいところまで手入れが届いている面を見落としているきらいがありますが……。

他に、中国のサウナやホテルの客室もおおむね日韓よりも広く豪華です。国土が広いから可能なのかもしれません。

スケールの大きさで言えば、賄賂の額なども日本に比べれば桁違いです。億単位の天文学的な金が動くのですから、韓国も日本に比べたら桁が違いますが、中国のスケールに比べたら額がぐっと下がります。日本の閣僚が百万円単位の金額で追及されるのは健全な社会だとも言えます。

このスケールの違いは、気質もさることながら社会の発展の度合いから来るものだと思います。日本が明治維新以来多くの疑惑を経て不正の少ない社会にたどり着いたように、中国も韓国もさらに近代化が進めば健全度が上がるのではないでしょうか。

スケール、色彩、曲線

話が変わりますが、中国、日本、韓国を比較しその特徴を表すたとえに、中国の大きさ、つまりスケール、日本の色彩、韓国の曲線と表現します。

韓国の曲線とは、韓国の景福宮《キョンボックン》や昌徳宮《チャンドックン》などの王宮の建物にみられる屋根の先が若干上に反っているラインや民族衣装のチマチョゴリの曲線がそうです。色彩は、中国や韓国では原色を多用しますが、日本のあでやかな色彩には及びません。

大学の教授に聞いた話ですが、日中韓の食べ物に関する比較に、中国は「お腹」で、日本は「目」で、韓国は「舌」で食べるといいます。中国の「お腹」はたくさん食べる、つまり「豪勢」でお腹いっぱい食べなければ気がすまないということです。日本の場合は「目」で見て鮮やかで、食欲をそそる美的感覚に重きを置きます。和菓子一つにしても、その形にこだわる様を見るとき「どうせ食べるのだからそこまでこだわらなくとも……」と、見た目よりも味に重きを置くのが韓国人だと思います。

韓国の「舌」で食べるとは、韓国語には味覚をあらわす単語が多く、細分化されています。「酸っぱい」も「시다《シダ》」（酸っぱい）、「시큼하다《シクマダ》」（酢の味が強い）、他にも日本語に訳しにくい「새큼하다《セクマダ》」、「시큼털털하다《シクムトルトラダ》」とたくさんあるので「舌」で味わうと言ってよいでしょう。「辛い」という表現でも、「맵다《メプタ》」（辛い）、「매콤하다《メコマダ》」（甘辛）、「얼큰하다《オルクナダ》」（汗が出るほど辛い）、「칼칼하다《カルカラダ》」（刺すほど辛い）、とたくさんあります。

目で見る喜びよりも、かき混ぜて美味しく食べるほうを優先するのが韓国スタイルですので納得です。今は新大久保コリアンタウンの韓国料理店では日本の若い女性がいなければ商売が成り立たないと言われているほど、韓国料理が人気ですが、彼女らは目で見る楽しみよりも味を楽しんでいます。「不格好な豚足」、「真っ赤な色のトッポキ」、「不揃いのチヂミ」など、とても目で食べる代物ではありませんが貪欲に放り込んでいる姿は爽快です。

第三の視点

昔、韓国料理のキムチとチゲ（鍋）類は日本人、特に若い女性には敬遠されていました。キムチはニンニク臭いと言われ、チゲ（鍋）類は口に入れたスプーンでじかにすくって食べるのが非衛生とされていました。ところが、今や日本人でもキムチが韓国料理だと知らない人がいるだけでなく、どのスーパーに行ってもキムチが並んでいるほど普及しています。

昔の日本を知っている人間にとっては、想像もつかないほど韓国料理がブームとなっている昨今の現象に感慨深いものがあります。昔（八十年代以前）キムチ臭くなるという理由でアパートを貸してくれなかったことが嘘のようです。

中国でも、韓国料理店が家族連れでにぎわっており、うれしい現状です。

なぜ「日本と韓国と中国、それぞれの特徴」のエピソードを設けて、急に中国を持ち出したかというと、日本と韓国の関係を中国という第三の視点から見ることにより、相互の違いや葛藤をより客観的に捉えられるからです。

当事者同士は目前のことに囚われがちで、感情的になりますが、違った視点から見れば和解の糸口が見えてくるものです。

中国で勤務するまでは、私も日韓の枠組みでしか東アジアを捉えられていませんでしたが、中国という視点からも考えることができ、肩肘を張らずに冷静に日本と韓国を見ることができるようになりました。

第五章

日韓文化のあれこれ

距離感

韓国人は近い⁉

「他人行儀はやめてください」、「さんづけではなく、呼び捨てにしてください」、「何で親しくなったのに丁寧な言葉で話すのですか」、と親しくなった年下の者から抗議を受けました。

このように、韓国人は親しくなると一気に距離を詰めようとします。まるで兄弟にでもなったかのように「ヒョン」（兄さん）、「オンニ」（姉さん）と目上の人を呼びますし、年下の人は「○○」と名前を呼び捨てにします。

日本人から見れば失礼な振る舞いに見えてしまいますが、それが親しみのバロメーターになるので全然気にしません。むしろ「何々さん」とさんづけで呼びようものなら、「自分を受け入れていない」と怒ります。

特に、酒の席ではノリがよく「住民登録証」（日本のマイナンバーカードのような証明書）でどっちが年上かと確かめ、「ヒョン」「トンセン」とすぐ兄弟になります。お互いに肩を組んでお酒を飲み干したり、「爆弾酒」を煽り、スキンシップをしてぐっとお互いの距離を消します。

夜を明かして飲んで、翌日二日酔いの苦痛を分かち合うのが、情の表れであるかのように……恐らく日本人は「そこまでやるの？」と引いてしまうと思います。

薄めるなんてありえない!?

「水割り」、「酎ハイ」など、お酒を薄めて飲むのは韓国では邪道です（最近韓国の若者の間で果実を添えた度数の低いカクテル風の焼酎が人気だそうですが……）。「ウイスキー」、「焼酎」、中国のアルコール度数五十度を超える「白酒《バイチュー》」を薄めず、一気に飲み干すのが韓国の酒道です。文字通り「乾杯」そのもので、チビリチビリは韓国人の情緒には合いません。強い酒をとことん飲み交わして相手が酔いつぶれたら、映画やドラマでよく見かけるシーンのように介抱し、おぶって帰るなどの面倒を見ます。そのまま残して帰ったら、後から何を言われるかわかりません。

日本でしたら、相手の動きを見ながら失礼にならないように気を遣い、水割りを少しずつ嗜み決して醜態を見せようとしません。韓国人にとっては、そのような態度は親しくなりたくないように映り、「酔うために、親しくなるために酒を飲むんじゃないの？」と訝しがられます。韓国で親しくなるとは、「お互いの距離がなくなること」を意味します。「お前の物は俺のもの、俺の物はお前のもの」の関係になります。

イギリスに留学した日本の女子学生から、親しくなった韓国人のルームメイトが断りもなく自分の服を着て出掛けたという話を聞いて、極端な例ではありますが、韓国人のルームメイトには「彼女と私は一心同体」という意識があったと思います。

日本では「親しき仲にも礼儀あり」とある程度距離を置きますのに。

日本語のやさしさの裏に

韓国人には、日本人や日本語は「やさしく」感じられます。日本人は表情が穏やかで親切ですから、その意味の「やさしさ」を感じます。韓国人や中国人は、日本人に比べて体が大きく骨太で、ゴツゴツとした感じを受け、表情も穏やかではありません。日本語も五十音と濁音破裂音を覚えればだいたい事が足ります。韓国語は、母音が日本語の倍の十ありますし、「パッチム」という仕組みもたくさんあるので、日本語の方が「やさしく」感じられます。

ところがドッコイ、「やさしく親切なはず」の多くの日本人は、ストレートに自分の意思を表現しないばかりか、なかなか心の窓を開きません。正直、韓国人をはじめとした外国人にとって、日本人ははっきりと意思表示をしないので距離を感じます。「好きなのか」、「嫌いなのか」、「ＹＥＳ」なのか「ＮＯ」なのか、ハッキリしないので困ります。

日本人の親切でやさしい印象が、外国人にはもっと踏み込んでもいいというシグナルとして作用しますので、積極的にお付き合いをしようとするとその期待が失望に変わります。なまじ韓国人や中国人のように最初から不愛想でとっつきにくい印象なら、期待もしないので失望もしません。

また、日本語も「やさしい」と踏んで勉強をはじめたのはいいのですが、「音便形、動詞の変化、丁寧語、尊敬語」の領域に入るとまるでお手上げです。外国人にとって日本語は決して「やさしく」ないことを悟ります。

最初から難しいと踏んでかかれば、さほどでもないけれど、勝手ではありますが、「やさしい」と思い込んで難しいと、自分のことは棚に上げ不満を感じるものです。

ストレートがよいのか奥ゆかしいことがよいのかは、時と環境と相手によりけりですが、この両国の気質の違いを踏まえれば、偏見による争いは少なくなるでしょう。

パルリパルリ！

韓国の車事情

先日、専門学校の学生たちを連れてソウルに行ってきました。将来のエアラインスタッフになるための研修旅行でしたが、彼女たちのほとんどがはじめての韓国訪問でした。彼女たちがソウルについてまず驚いたのが、道路を走る車のスピードでした。道路が広いせいもありますが、韓国人のせっかちな性格ではゆっくり走ると体がむずむずするのでしょうか、がんがんアクセルを踏みます。ですから、自然に運転も荒くなります。日本ほどは人間優先でないので、横断歩道を渡るときは左右よく見て歩きましょうと指導しました。

韓国は、日本と違い左ハンドルで右側通行です。はじめての人はまずこの点に注意してください。日本では信号が赤に変わる前に黄信号が点滅しますが、韓国は必ずしもそうではありません。

次に驚いたのは、軽自動車があまり走っていないことだそうです。これは注意力がなければ気づきませんが、見栄っ張りな韓国人は家がなくても車だけは良いのに乗りたいという心理が働くのでしょう、軽自動車だとかっこ悪く見えるそうです。身分相応にと考える日本人にとっては「そんなに無理しなくても……」と思うのではないでしょうか。

三番目に驚いたのが、タクシーの運転手さんが料金をまけてくれたことでした。研修最終日の自由時間に、韓国の繁華街明洞《ミョンドン》に行って来た学生によりますと、三千五百ウォンかかったのに、日本人の旅行者だからと言って五百ウォンまけてくれたそうです。政府間では険悪な昨今なのにと喜んでいました。

何も日本人だから特別にまけてくれたのではなく、韓国ではよくあることです。金浦《キンポ》から家のある江南まで、だいたい四万ウォンほどで、道路状況によって三万九千四百ウォンぐらいになることもあり、お釣の六百ウォンは受け取らない場合がよくあります。反対に四万二、三百ウォンになると、「まけてよ」といえば十中八、九は同意してくれます。また、お釣の小銭をキッチリくれないこともあります。それはお客が日本人だからでなく、韓国人のきっちり計算しないアバウトな性格からきています。ですが、全部が全部そうだとは限りませんので念のため。

運転手は六百ウォン余計にもらっても感謝の気持ちを顔に出しませんので、感謝の言葉は期待しないほうがいいです。何も特別な行為をしたと思ってないからです。

韓国でタクシーに乗るときは、できれば現金で払ってあげると喜びます。タクシー料金を払う手段にはクレジットカードもありますが、日本もそうであるように、これは手数料が引かれるからです。

クレジットカードは嫌われる？

韓国ではタクシーだけでなく、どんな小さな店でも百ウォン単位の小額でもカードで決済できます。拒めば営業停止になるほど政府はクレジットカードの使用を奨励しています。たとえば、コンビニで五百ウォンの商品を買っても、お客がカードを出せば受け取ります。その代わり小額は照会しなくてもいいので、スピーディーに決済できます。

また、買い物のとき現金がなくても、残額がある銀行のキャッシュカードであれば、その場で支払いが可能です。韓国人の基本コンセプトはいかに早く処理するかです。

ご飯食べたか？

「パルリパルリ！」（早く早く）の精神です。外国の食堂で注文して一分もたたないのに、「パルリパルリ！」と催促するのは、韓国人に違いないと自虐ネタにしています。

韓国人と日本人のどちらがご飯を早く食べるかというと、恐らく韓国人でしょう。

その理由の第一はせっかちな性格、第二に軍隊での体験です。韓国では、男性は特別な理由がない限り二十歳になったら軍隊にいかなければなりません。訓練所では自由に食事ができるわけではなく、決められた時間内に食べなくてはならないので、ゆっくりしていては全部食べられません。お腹をすかしながら訓練をしなければならないので必死にかきこみます。

三番目は、度重なる戦乱でご飯もおちおち食べてられなかった、と歴史的な要因をあげる人もいますが、今では昔の話です。昔は挨拶代わりに相手に「ご飯食べたか」と聞くのが常でしたが、最近はあまり聞かなくなりました。それだけ平和が続き、豊かになったからでしょうか。

冠婚葬祭としきたり（一）

近親憎悪

日本と韓国には、日韓間ではなく世界規模で見たらほとんど区別がつかないぐらい、似通った点がたくさんあります。よく耳にするのは、欧米に留学すると、必ずと言ってよいほど日本人と韓国人が親しくなるそうです。お互いに親近感が持てる点が多々あるからです。箸を使うことやお米を主食とする食事ばかりでなく、六・三・三・四制の教育制度、儒教をベースにした礼節など枚挙に暇がありません。

日本人や韓国人は欧米人から見たら顔形、体型や習慣、文化など区別がつかないと言われていますが、日韓という観点から見るとやはり微妙に違い、時にはこの違いがお互いの感情を逆なでしたりします。

欧米人とは顔形、文化など明らかに違うので最初から「違う」と割り切って考えますが、日韓の間では似ているが故に安心（?）して、自分の考えや慣習のまま相手に対します。これが落とし穴になり感情をこじらせます。

あたかも道を歩いているときに大きな窪み（明らかにわかる違い）があれば避けて通りますが、小さな窪み（小さな違い）には気づかず、つまずくと自分を責めるよりも「誰がこんなところに穴を掘ったんだ！」と八つ当たりします。安心しているときに（小さなことでも）思わぬことに出くわせば動揺し腹が立つものです。

家族でも普段、心を許し互いに依存しあうものですが、諍いが起こると信じ合っていただけに感情が増幅し骨肉の争いになります。近親憎悪とでも申しますか。

このような事態にならないために、お互いの違いを認識して誤解の芽を潰していきたいと思います。

韓国の結婚式

韓国では結婚式に礼服を着ていく習慣はありません。普段着ている背広にネクタイを締めて参席しても違和感はありませんが、日本でしたら浮いた感じになるに違いありません。

招待状も日本のように予め決められた人に限定して送るのではなく、知り合い全員に送ります。というのは、韓国ではホテルや結婚式場で結婚式だけ挙げるのが主で、決められた席に座る披露宴は行わないため、来る人数を考える必要はなく、いくらでも招待状が出せます。席がなければ立っていても何ら不自然ではありません。日本のように二、三時間もかからず、せいぜい四十分前後で終わります。

時には、あまり親しくない人でも送られて来ることがあるので負担に感じる人もいます。韓国で招待状をもらっても親しくなければ無視してもかまいません。

また、先約があり立場上行かなくてはならない場合は、お祝い金を誰かに託すか、お祝い金を受付に提出して帰ることで礼にかないます。

招待状を出すときにも、出席の有無を問う返信用葉書は同封されません。同封したとしてもほとんど返信はありませんから。

最近、日本の披露宴形式を取り入れて結婚式を行うケースがありますが、このときでも返信用の葉書は使われません。

このような違いから日本に来た韓国の駐在員が日本の結婚式に行って当惑することがよくあります。

礼服を着ていかなかったので一人浮いてしまったケース。

韓国の伝統的な結婚衣装

返信用のハガキを出さずに行ってみたら席がなかったり、無断で欠席してその席だけがポッカリ空いてしまったケース。

お互いの習慣を知っていれば赤面せずに済んだものを……。

形式にこだわらない　冠婚葬祭としきたり（二）

結婚式の作法

日本ほど形式にこだわらない韓国の結婚式ですが、最近は日本の披露宴形式を取り入れ結婚式と兼ねて行うようになりました。これはお金持ちの間で流行りだしています。

韓国の結婚式では通常主礼という人が式を司ります。学校の恩師や社会的に著名な人を立てるのが普通です。

昔は、見栄を張ってできるだけ有名人を立てましたが、政治家はあまり喜ばれず大学の教授が好まれました。政治家はコロコロ路線を変え節操がないと言われるためで、教授はただ一筋に研究に専念し、他のことに脇目を振らないことから結婚式を司るに相応しいとされた時期がありました。

主礼は一人で行いますので、日本のように二人そろっての媒酌人（最近は立てないケースが多くなりました）はいません。

披露宴形式でない場合は、結婚式場近くの別の場所に食事をする場を設けお客をもてなし、主人公の二人や両家の人々が来客にお酒を注ぎながら挨拶回りをします。

来客への贈答品も出さないか、もしくはお餅や簡単なものを準備しますが、日本のように形式に則った引出物は出しません。こちらがお祝いに行くときにお返しすれば済むので、いちいち細やかな神経を遣う必要がないと考えています。こんな点でも無頓着でこだわらないのが韓国人です。

ペベク

話はそれますが、韓国では物をあげたりもらったりしても、日本のように「感謝の言葉」を何度も繰り返したり、「昨日は結構なものをありがとうございました。家族みんなでおいしく頂きました」など、直接的に返礼（手紙、ハガキ、答礼品等）したりしません。後でお世話になったら、そのときどっさり返せばいいと思って何もしないのですが、日本人から見たら、何とぶっきらぼうな民族だとお思いになるでしょう。

話を元に戻します。一般的にお色直しは行いませんが、式が終わった後、別室に近い親族や親戚が集まり「ペベク」を行い新郎の家族に挨拶します。この儀式は、嫁に来た花嫁が新郎の家族に「申告式」を行う場でもあります。「この度、縁あって〇〇家に嫁いできた嫁の△△です。ふつつか者ですがよろしくお願いします」と言う場です。

新郎新婦は韓国の伝統衣装に着替え、新婦はほほに魔よけの赤いしるしをつけて登場します。新郎新婦は、上座に座っている新郎の両親を筆頭に親族にお酒を注ぎ、挨拶をして激励の言葉と金品をもらいます。新郎の父母からはくりやなつめを投げてもらい、たくさん掬い上げるとその数だけ子どもを授かるとされています。

この「ぺべク」は、実に和やかなもので新郎や新婦に無理難題を押し付け二人の間や親族の距離を測ったりします。「〈キスをしろ〉とか〈義理のお母さんをおぶって一周しろ〉」等、二人の幸せを祝福します。

この儀式は、家族を大切にする韓国的な儀式で、誰が新郎のどんな縁戚にあたるかを確認する場です。もちろん、いっぺんにわかるわけはありませんが、後ほど親しくなる取っ掛かりになるはずです。

新札でなくても構わない

日本の結婚式に包むお祝い金はなるべく新札を持っていくと教わりましたが、韓国ではそこまで気を遣いません。必ずしも熨斗袋に入れる必要はなく、普通の封筒でもかまいません。ただたくさん入っているほうが喜ばれます。

これこそ「現金なもの」です。お祝いのお金も自分の懐具合に合わせて持っていって差し支えありません。日本に来て、ご祝儀の方程式はホテルでの料理代一万五千円+引出物代五千円+祝儀一万円と教えられましたが、韓国ではこれにこだわる必要はありません

葬式においても、わざわざ古いお札を持っていかなくてかまいません。たくさん包んでも死んだことを歓迎するものではありません。昔、ある韓国のメジャー新聞社の社長がお亡くなりになったとき、提携していた日本の新聞社の代表者が駆けつけ弔問をした際、古いお札と少額（韓国からしたら）の香典を出しましたが、それを受け付けた記者の友人から「日本人は誠意がない」と私にクレームがありました。日本のしきたりを説明し、その誤解を解きましたが、このように相手の習慣を理解しなければ、ささいなことが災いの種になります。

服装も必ずしも黒い服を着なければならないということはありません。派手な服装でなく、黒いネクタイ着用であればオーケーです。

日本ほど形式にこだわり過ぎないのが韓国式ですので、必ずしも礼儀をわきまえていないのではありません。

韓国の葬式

ずっとそばにいる

身内に不幸があったのでソウルに行き、五日間葬儀に関わりました。日本とあまりにも違うので、皆さんにご紹介します。

まず日程ですが、日本では普通通夜、告別式と二日間で葬儀を行いますが、韓国では三日間かけて行うのが普通です。五日間、七日間行うこともあります。

日本では夕方六時ごろから通夜が行われ、献花あるいは線香をあげ故人を悼み、別室に準備されたお寿司などの料理やお酒などでもてなされ、早々に引き上げるのが一般的です。

韓国でも流れは同じですが、決まった時間に告別式をするのでなく三々五々都合のいい時間に弔問してもらいます。

葬儀場に遺影が安置され弔問を受けられる体制が整えば、そこから三日目の出棺まで随時弔問客を受け付けますので、喪主が大変です。

葬儀期間ずっとその場で弔問を受け、無視できないお客であれば別室に案内してもてなさなければなりません。夜の十二時に弔問客が来ても礼を尽くしてもてなさなければなりません。三日間神妙な面持ちで祭壇側の喪主席に居なければならないのですから体が持ちません。ですが現実的には深夜や明け方に来る弔問客はおりませんし、喪主も普通二、三人いますので交代で休みます。

病院に葬儀場⁉

葬儀場についてですが日本の皆さんはあることにビックリすると思います。韓国には日本のように葬儀場が独立してありますが、「独立して」と断ったのは、大学病院などの大きな病院の中に葬儀場があるということです。

日本で考えられますか！

病院の構内に葬儀場があると言えばすぐ「縁起でもない」、「この病院大丈夫か？」と反応するのではないでしょうか。

前から韓国の大学病院に葬儀場があることを不思議に思っていましたので友人や知人に質問してみましたが、彼らの反応は一様に「それが何か？」というものでした。「いくら優秀な病院だって全ての患者を治せるわけではないし、遺体を病院以外の葬儀場に移したり、新たに探す手間が省ける」という答えが返ってきました。至極当然だという顔で。

日本は「病院は患者を治すところ」、「葬儀屋は死者を弔うところ」というこだわりや、手順に固執し、韓国はそのこだわりより現実的な割り切りに重きを置いた結果だと思います。現実的にそのほうが良ければこだわりなく前例を崩す姿勢に、韓国の「変化」への柔軟性が伺われます。

お葬式部隊

弔問客を食事やお酒でもてなすのは日本も韓国も同じですが、日本は大体葬儀が終わった後共に飲食するのが一般的で、短時間に集中して行い簡潔です。片付けも手間がかかりません。

韓国では弔問客が来たその都度もてなしますので手間暇がかかります。前の客の食べ残し、器、テーブルを片付け、新たに料理を準備しなければなりません。

ですが手間暇かかるところを確実にスピーディーにお客に対応する様を見てさすが「パルリパルリ」の国だと自分の国でありながら感心しました。その秘密はさすが韓国ならではの機能

お葬式セット

的なシステムでした。

韓国の大企業は社員の家族に不幸があると総務部（最近は経営支援チームとも言われる）が迅速に動きます。

不幸にあった当人（社員）は何をどうしていいやらわからないものですが、訓練された彼らはいち早く葬儀場に赴き必要な物を手配してスムーズに事を運びます。特に目を見張るのが葬儀場で必要な備品一式を届けることです。会社の名前が入っているダンボール箱には芳名録一冊、皿（大）五百枚、（中）五百枚、（小）二百枚、スリッパ五足、（黒）ネクタイ三本、テーブルクロス（ビニール製、使い捨て）百枚、ビニールの手袋百対、スプーン三百個、箸立百個、手袋（白）十対が入っています。

会社によっては多少内容が違いますが、ロウソク、線香が入ってるものもあります（写真参照）。

どうですか！　至れり尽くせりでしょう。会社から職員や物が来て必要なこと、物を全てこなしてしまうのですから……。

日頃会社に不満がある人でもここまで神経を遣ってくれたら会社に忠誠を尽くさざるを得ないでしょう。自然と会社に対する共同体意識が芽生えることでしょう。

会社にとってもかかった費用は厚生福利費として落とせますし、それぞれの備品には会社のネームが印刷されていますので宣伝にもなりますので損はないわけです。

恐るべし韓国企業!!!

昔の韓国のお葬式は大変面倒でしきたりがややこしく、葬儀を行うだけでお金も健康も失うと言われましたが、この変化には韓国人の私ですら驚かされました。

三日目に出棺し火葬場に行き納骨すれば終わりますが、今回の葬儀はお骨が先祖（配偶者）の眠る故郷の一族の墓地に合祀されました。昔は儒教の影響で土葬が主でしたが、土葬では狭い国土が墓だらけになってしまうので政府主導で火葬が奨励されました。

韓国の高速道路を走ると所々で饅頭型の墓が目につきますが昔の土葬のなごりです

スピード感の違い（一）

早食い選手権

とある旅行社に、週三回顧問として勤めていたときの話です。この会社の営業スタッフとランチを食べに行ってましたが、いつも何を食べているか味わえる状態ではありませんでした。私も食事は早いほうですが、そのスピードにはとても太刀打ちできません。特にそばを食べるときは、味わって食べているのか流し込んでいるのか区別が付かないほどです。

私が半分ほど食べ終わっているかいないかなのに、彼らはすでに食べ終わっていますので、ゆっくり昼食を味わえません。一人、二人がそうなら個人の習慣の差だと言えますが、ほとんどのスタッフがそうです。年も四十代から五十代後半ですから、もう少し落ちついて食べるのかと思ったのですが、若いころの習性で早く食べてしまうとのことです。

彼ら曰く、若かりし頃団体旅行の添乗員を経験していたためで、悠長にご飯を食べていたのでは仕事にならないからだったそうです。添乗員がお客様と同じように食べていたのではスムーズな引率ができません。

このような食事の早さは韓国でよく見られる現象で、何も旅行社のスタッフだけの問題ではありません。全般的に男性なら食事を済ます速度が速いのが特徴です。これは軍隊生活を経験しているからです。兵役のある韓国では、成人になった男性は体の障害などの特別な理由がない限り兵役に就きます。

訓練所に入ると、はじめのうちは配給された食事が食べられません。臭い匂いがしたり、おかずも満足のいくものではありませんので、だいたい食べ残します。

けれども日が経つにつれ、一日中キツイ訓練を強いられエネルギーを消耗するのでお腹が減り、臭いのなんのといっていられなくなりガツガツ食べはじめます。

一般社会のように、ゆっくり食べていられないのが軍隊での食事です。いつ何時敵から攻められるかわからない状況を想定して食事を取るわけですから、お腹を満たすのみの時間しか与えられず、食事が早くなるのは当然です。

時間内に食べられなければ自分がひもじい思いするだけですから、必死に流し込みます。

今は軍隊の食事も大部改善されたそうです。念のために。

スピード勝負！

このように食事だけが早いのでなく、韓国では全てが日本より早いのではないでしょうか。

ソウルでの車のスピードはもちろん、洋服やワイシャツの仕立ても日本より数倍早いのです。即日仕立てのお店を除けば、普通日本でワイシャツを作ってもらうと三週間、洋服は一ヶ月、印鑑は一週間、めがねは二、三週間ほど掛かりますが、韓国ですとそれぞれ二、三日で出来ます。最近、日本でもスピーディーに対応する店が増えましたが、全体のスピードはまだまだ韓国に分があります。

もちろん、日本では正確で確かなものを作るためでしょうが、急いでいる人にとっては用を足しません。ですから、最近ソウルでは旅行者、特に日本のお客さんのニーズを汲んで眼鏡やワイシャツを一、二日で作る店が増えています。

何でも早ければいいとは限りません。その分だけ完成度が落ちる可能性は大です。反面あまり間延びしたサービスもどうかと思います。

お客の要望に応える仕組みを念頭に置けば、日本でも洋服やワイシャツの納入期限は半分に短縮されるのではないでしょうか。

結婚式の招待状も日本では一ヶ月以上前に出しますが、韓国では半月前でも十分で、約束事も十分な時間を置いて決めることは稀です。ですから、ソウルから突然三、四日前に連絡があり、東京に行くから時間を空けておけと言われると本当に困ります。一ヶ月前に約束したことをずらさざるを得ないからです。上下関係が厳しい韓国では、相手が上の人ではなおさら断れません。日本にいる韓国人は日本のしきたりと韓国のスピードのはざまで格闘し苦し紛れの嘘をついてその場をしのぎます。

やれ家族が急病だとか、親戚の誰それが死んだとか……。

病院での出来事　スピード感の違い（二）

たった五分のために

速さの違いでこんなこともありました。

三年前のことです。時々胸に息苦しさを感じはじめたので、ある有力者の紹介をもらい、心臓系では有名とされている大学病院に診察を受けにいきました。病院に行くと、紹介された人のためのケアをする外来担当の課長に懇切丁寧に案内をしてもらい、一時間以上待ってやっと診察を受けました。結果は、心臓に問題があるかもしれないので検査を受けろとのことでした。検査で自転車のような機械に乗ったり、一日心臓検査の機器をつけるなど二ヵ月半の間六、七回通いましたが、驚くことが多々ありました。まず、予め予約をしていたにも関わらず、担当先生に見てもらうのはほぼ一時間過ぎてからです。予約をしたにも関わらず……。そしてやっと先生に診てもらう時間はたったの五、六分ほどでした。

それも先生は、ほぼコンピューターの数値をのぞいて指示するだけで対話はほんのわずかです。

たまたまその直後に読んだ本が印象的でした。柳田邦男『壊れる日本人』にある医師の失敗談を紹介していました。だいたいこんな内容でした。

〈ある婦人の患者さんが来たときいつものごとくコンピューターを見ながら話していると、その婦人から「少しは私の体も触ってください」と言われハッとし、慌ててうっかり目の前にあったマウスを患者に当てようとした〉という話でした。

機械に頼りすぎて患者さんと向き合い病を治す基本を忘れていた、という失敗談が載っていました……。

恐らく、私も医師が私の顔を見ながら診察していたら長い待ち時間も何ら苦にならなかったかもしれません。

このようなことが六、七回続きますと、気が短く日本の病院の現状を知らない人間にとってだんだん我慢できなくなってきます。その上、今までの検査で血管が二箇所詰まる可能性があり、ステンを入れなければならないかもしれませんので、検査入院しましょうと言われました。

「保証金三十万円を準備してください」

二か月半かかって出た結論が検査入院！

このスピードのなさに我慢できなくなった私は、日本と同じく知人を介して韓国の大学病院を紹介してもらい手術を覚悟してソウルに飛びました。

二ヶ月半と二泊三日

ソウルの病院では二泊三日の検査入院で全て終わり、薬をもらい退院しました。

診断結果は、

「心臓に繋がる血管が細くなっていますが、手術するほどではないので、薬で様子を見ましょう」でした。

二ヵ月半と二泊三日！

もちろん、単純に比較するわけにはいかない特殊な例ではありますが、「紹介して貰うことの受け止め方の違い、やるなら時間をかけず速やかに」という韓国のスピード感（せっかちさ）を実感しました。

あまりの嬉しさに四十四年付き合ってきたタバコをやめました。日ごろ韓国人の「パルリパルリ」（早く早く）精神に危うさを感じていましたが、このときばかりは韓国人のスピード感に感謝！　また感謝！

※今の大学病院のシステムだから、仕方がないと言ってしまってはそれまでですが、病院に行ってもっと悪くなるようでは先が思いやられます。韓国も日本に変わらないほど大学病院に患者が集中して、十分に見られないのが現状だそうですが、競争が激しいせいか、システムを変

え自分が後どのくらいで診察が受けられるかを電光掲示板で表示するなどいろいろ工夫をしており、昔の大学病院とは雲泥の差で親切になっていた変わりように驚かされました。

団結力

三大団結力集団

よく韓国では団結力の強い団体に次の三つを挙げます。まず私学の雄高麗大学。その強い結束力で、コンクリートにたとえられます。ちなみに韓国の東大に当たるソウル大学は砂、即ち各自自分が優秀だと威張り、バラバラに存在する砂にたとえられます。それに比べ高麗大学は地方出身者が多く、情に厚い共同体意識が強いことから団結力が強いのです。日本における韓国人社会においても高麗大学の同窓会が一番盛んで、よく集まり親睦を図っています。高麗大学の同窓会を含めて、韓国には三つ団結力の強い組織があります。

二つ目は海兵隊出身者の「退役軍人会」です。軍隊の中で一番訓練がきついことで知られる海兵隊は、真っ先に危険な敵の陣地に乗り込むのを使命としているだけあって、一糸乱れぬ統制をモットーとしており、訓練は並大抵のことではありません。その訓練をしのいできたという同志愛が団結力の源です。

酒の席で喧嘩になっても、相手が海兵隊出身であるといっぺんに場の空気が変わり、互いの期数を確認し合い、今でも殴りかかろうとした手を相手の肩にまわし、諍いをコロッと忘れ海兵隊歌を歌いはじめる場面をよく見かけます。ビジネスにおいてもその同志愛が不可能を可能にすることもしばしばです。韓国では、海兵隊を「鬼を成敗する海兵隊」とその勇敢さを崇めています。

韓国においては、海兵隊だけでなく軍隊の体験談は「集い」ではなくてはならない話題であり、心を一つにする魔法のようなものです。ですから、軍隊に行っていない者は話題に加われず寂しい思いをします。共につらい訓練を受け、国のために犠牲になったという韓国人としての存在感は何物にも替えられません。訓練がつらければつらいほど、その連帯感は強固になります。

このような軍隊式の連帯感や上下関係は、一般社会にも影響し、私が勤務した航空会社にも受け継がれています。女社会でも上意下達は当たり前で、女性乗務員のCA内でも期数が上だと、たとえ相手が年下でも敬語を使うのは当たり前で、年下の先輩を「オンニ」（姉さん）と呼び、敬います。

三つ目に団結力の強いのが「湖南郷友会」だそうです。

「湖南」とは韓国の南西地域の総称ですが、全州、光州、木浦《モッポ》などの都市がある地域で昔の百済の国があったところです。特に戦後歴代の政権（嶺南地方出身者が多い）から差別された地域で、政権の要職から疎外されたばかりか就職でもハンディを背負ったケースが多々ありました。

それだけでなく、「嶺南」出身者と「湖南」出身者の結婚は今でも一部反対する人がいます。特に高齢者にはその傾向が強いようです。「湖南」出身者が差別されました。

私ごとですが、嶺南出身の私が、「湖南」の企業に移籍する際、周りの「嶺南」の人たちから、湖南の企業に行ったら差別されて不利益を被るから行くなと反対されました。けれども、それほど能力のない私が役員にまで成れたのですから、差別されたとは言えませんし、「嶺南」出身者から二人も社長になったのですから、差別は取り越し苦労でした。

団結力を生む背景

長らく嶺南出身者が政権を独占（朴正煕《パクチョンヒ》、全斗煥《チョンドゥファン》、盧泰愚《ノテウ》、金泳三《キムヨンサム》、そして現在の朴槿恵《パククネ》大統領）していたため、自然と湖南出身者がポスト面で不利益を被りました。差別でつらい思いをしただけに、そのつらさの分だけ固く助け合ったことが「湖南郷友会」を強くさせた理由に違いありません。

一九九八年には、念願かなって湖南出身の金大中氏が大統領になり、差別は緩和され、その「恨《ハン》」は解かれましたが、任期の五年では十分ではなかったに違いありません。

この差別からくる辛苦が団結心を生むという拡大版が韓国です。これでもかと外国から攻められ国土が戦場と化し、肉親が殺しあい離れ離れになる悲劇が骨肉化しています。このような経験をＤＮＡとして受けついだ韓国は、その分だけ団結しなければならないという命題を背負っています。たかがサッカーやフィギュアスケート等のスポーツにおいてもその必死度が違うのです。する方も応援する方も！

特に日本との試合は、国を奪われた経験から団結し、実力以上の力を発揮します。

膨らみ多くなる「付け出し」と「寸志」

料理に見る国民性

韓国では「情が深い」ということは自分の思いをどさっと表現するもので、小出しにするものではないと考えます。特に料理はその特徴をよく表しています。日本の懐石料理は一つずつ順序に則って出しますが、韓国では大きなテーブルにいっぺんにまとめてドンと出します。テーブルも二人がかりで運ばなくてはならないほど大きく、五、六人はゆうに座れるものです。最近は、韓国でもまとめて出さずにフランス料理や、懐石料理のように一つひとつ出すところが増えていますが、韓定食店では今でも大きなテーブルに載せ、いっぺんに持ってきます。韓定食店に行くと、オンドルに案内され座布団に座りますが、その前にテーブルがないので、日本の皆さんは勝手が違うためまごつき居心地が悪くなります。

昔は、料理が載ったテーブルが運ばれるまで、手持ち無沙汰なので花札などをして場つなぎをしたものです。

予約してある場合、十五分前後でテーブルが運ばれてきますが、それこそ食べ切れないほどの料理が載っています。

このような感覚に慣れている韓国人は懐石を敬遠する人が多く、韓国人をもてなすときは予め好きか嫌いかを聞いておいたほうがベターです。

日本の習慣を取り入れた韓国の料理屋での「付け出し」は、メインの料理にちょこっとつけて出すものではなく、メイン料理に劣らない大量のごちそうが出てくるので、メインを食べる前にお腹がいっぱいになってしまうぐらいです。

おいしいものがあれば追加注文しても無料で出てきます。日本の食堂で、キムチを追加で注文してお金を取られることに違和感を覚える韓国人は多くいます。「日本人ってなんとけちくさいのか」と。

寸志は寸志じゃない!?

韓国に、「상다리가《サンタリガ》 뿌러지도록《プロジドロク》 대접받았다《テジョップパダッタ》」という言葉があります。料理の重さに耐えかねて、テーブルの足が折れるほど接待を受けたという意味で使われます。まさに、豪勢にどさっと、というイメージではないでしょうか。

日本から来た習慣の中で「寸志」という言葉があります。読んで字の如く「相手にお世話になったお礼の気持ちを表わす小さな志」です。が、その習慣が韓国にわたると「寸志」と言いながら、中身はたいそうな金額が入っていることを意味します。

不用意に、日本式に「寸志」を受け取ったりあげていたりすると不都合が生じます。

ある韓国人の友人に、日本でゴルフをした後「チップをキャディーに渡したいのでいくらあげたらいいか」と尋ねられたので、「あげなくてもいいけど千円ぐらいあげたら」とアドバイスしました。

その友人は、そんなに少ないと恥をかく、もっと出すと言いましたが、私の意見を聞き入れ恐る恐る千円をチップとして渡しました。そうしたら、キャディーから「ありがとうございます」と心からお礼を言われたので、その友人はビックリして、「千円がこんなに価値があると思わなかった」と大満足していました。

もっと韓国を知るためのことば

상다리가《サンダリガ》 뿌러지도록《プルジドロク》 대접받았다《テジョップパダッタ》

テーブルの上の料理が多すぎて支える足が折れそうなぐらいもてなしを受けたという意味で、韓国ではお客をもてなす場合、食べきれないほどの料理を出すのが最大のもてなしとされています。日本の皆さんはもったいないとお思いでしょうが、この言葉がまかり通った時代には残ったものは奉公人が食べるようになっていたそうです。お客をもてなす日はごちそうにありつけると奉公人も期待したそうです。

その名残が韓国の食堂に受け継がれ、たのまなくても「밑반찬《ミッバンチャン》」（基本的なおかず）が数点出ます。もちろんタダです。今の韓国の食堂で出るおかずの数は昔より制限されました。食べ残すともったいないという理由からです。食べ物には寛大な韓国ですから、キムチにお金をとるのはみみっちく感じるのです。

韓国の交通事情

バスから地下鉄へ

最近ソウルの地下鉄を利用する日本人をよく見かけます。昔はバスかタクシーでしたが、これはなかなか乗りにくいので外国人には敬遠されていました。地下鉄網が発達したおかげで、大衆交通機関を利用する外国人が増えています。

六十年代前半までは、バスが主な交通機関でした。経済成長によりマイカーが増え、交通事情が悪くなったため、地下鉄の必要性が議論されてきました。しかし、ソウルは地盤が固いため建設費がかさむとの理由で、検討されてはストップがかけられていました。ようやく七十四年に一号線がソウルに開通し、以後七路線が縦横に張り巡らせられ、今も建設が続いています。

韓国は、家を買うより車が先という人が多いほど車愛好家が多く、軽自動車は格好が悪いので、無理をしてでも中型以上の車を買い乗り回しています。車がステイタスシンボルとみなされていますので、分相応に車を選ぶ日本とは少し違います。ですが、さすがに不景気の余波が押し寄せたのか、最近は軽自動車も以前よりは多く見られるようになりました。

このような事情から、最初はなかなか地下鉄に乗りたがらなかった人も、路線網の拡大と渋滞などの道路事情から約束時間に確実に着く地下鉄を利用するようになり、今では日本の通勤時のような混雑で、駅員が乗客を押し込む姿がソウルでも見られるようになりました。

バスが主な交通手段だったころは、新興市街地の江南がまだ開発されていなかったこともあり、日本人に人気のある明洞が主な繁華街でした。知っている人に出くわすこともよくありました。デート中に元カノと出会ったりしてあわてることも。もちろん私のことではありませんので念のため……。

車庫証明はいらない

日本では私鉄が発達しているため、その主要駅である新宿、渋谷、池袋などの商業地が分散されており、知人に会う確率は極めて稀です。ですから、さすがに明洞での遭遇には驚かされます。今では江南地域に旬な店が多くなり、地下鉄網の拡大により知人とのニアミスの可能性は低くなりましたが、大商業地がいくつもあるような日本に肩を並べるまでには至っていません。

韓国では日本ほど鉄道が発達しなかったため、物流の観点から、鉄道網の充実よりも、建設費用が安く済む高速道路網を構築しました。

一九七〇年にソウルと南端の釜山までの約四百キロメートル区間を結ぶ京釜高速道路が開通し、物流の大動脈の役割を担いました。「一日生活圏」という言葉も生まれました。これにより車社会が到来し、猫も杓子も車を買うようになりました。広々とした八車線の高速道路も車で埋まり、渋滞という副産物が生まれました。渋滞を緩和するためにバス専用車線を設けたりしましたが、十分ではありませんでした。

車の増加に拍車をかけたのが、日本と違い車の購入時に車庫証明がなくてもよい制度です。ソウルの四千世帯も入居している大団地では、構内の道路に三重に駐車しているので、一番奥に止めてある車を出そうものなら一苦労です。前に止めてある車を両サイドにどかし、その外に駐車している車までどけるのですから、出勤時間に遅れることも多々あります。外に駐車している車は、奥の車のために押しのけられるようサイドブレーキをかけないようにしています。手押しで車を移動させられるように。

世界の大都市の中で東京ほど鉄道網が張り巡らされている都市はなく、そこでの生活に慣れ親しんだ者には、バスや自動車中心の生活に慣れるまでには時間がかかるに違いありません。

天才の系譜

韓国のスポーツ界

日本の皆さんが、韓国のオリンピック選手で一番記憶に残っている人は誰でしょうか。たぶん浅田真央選手のライバル、キム・ヨナ選手でしょう。バンクーバー冬季オリンピックで金メダルを獲得したのは記憶に新しいのではないでしょうか。

浅田選手が高得点を獲得した後の演技で、その得点を上回る滑りをしたのですからその精神力はたいしたものでした。

一方、水泳のパク・テファン選手は余程の通でない限り知らないと思うのですが、韓国では英雄です。ルックスがいいだけでなく、不毛の韓国水泳界においてはじめてのオリンピックメダル、それも金メダルですから韓国国民が熱狂しないわけがありません。

北京オリンピック自由型四百メートルで金、二百メートルで銀を獲得する快挙をあげました。仁川アジア大会の水泳会場は、彼の名前を冠した競技場ですから韓国でのそのすごさがわかります。

それまでの韓国の水泳界において、アジア大会の金メダリストはいましたが、オリンピックでは世界の壁に跳ね返され表彰台に立つことはできませんでした。

フィギュアスケートにおいてもキム・ヨナ選手以前は、世界の舞台で活躍した選手はいなかったのですから、彼女の活躍は「突然変異」といっても過言ではありません。日本のように浅田選手がだめなら、鈴木選手、◯◯選手とその層が厚いばかりか、浅田選手の前には荒川静香選手が金メダルを獲得しています。韓国ではキム・ヨナ選手以前にも以後にもこれといった選手がいません。

水泳のパク・テファン選手しかり女子フィギュアスケートのキム・ヨナ選手しかり不毛の分野に突如現れ世界を制したのですから、日本では考えられないことです。

このほかにも、アメリカの野球で活躍したパク・チャンホ投手も、その競技人口を考えたら奇跡に近いものがあります。韓国で野球部のある高校は、日本の六十分の一に過ぎませんが、WBCで世界相手に善戦するのですからたいしたものです。

韓国野球の今日の発展は日本に負うところが多く、六十年代に張本選手等日本で活躍した在日韓国人チームがソウルに遠征したときには、韓国チームは一勝もできなかったほど水準が低かったのですが、日本の実業団やプロで活躍した在日選手が韓国の野球チームに所属してレベルが上がりました。

ゴルフでも韓国女性の活躍は目覚しく、特にパク・セリ選手はメジャー大会の優勝はもちろんアメリカ女子プロゴルフツアーの賞金女王に輝き、その強さは日本でもおなじみです。一九九八年の全米女子オープンに二十歳九ヶ月で優勝し、ＩＭＦ経済危機で落ち込んでいた韓国国民に勇気を与え、今日の女子プロ選手の活躍に繋がりました。このとき子どもだったシン・ジエ選手、アン・ソンジュ選手らが現在日本のゴルフ界を賑わしています。韓国では彼女たちをパク・セリキッズと呼ぶようになりました。

ではなぜ韓国のスポーツ選手は、その競技の裾野が狭いのに世界で活躍できるのでしょうか。

オールイン

全てを賭ける！

私が親しくしている日本の女子プロゴルフツアーで活躍していた韓国の選手の例を紹介します。

彼女A選手は、日本のメジャーである日本選手権で優勝しました。Aの才能を知った父親は、自身の仕事を辞め彼女の将来にかけました。退職金を全部つぎ込み、自身はAの移動の運転手として、母親は食事を作るなど身の回りの世話をして、それこそ彼女にＡｌｌ-Ｉｎ（全てを注ぎ込む）してプロでの成功にかけました。

親子三人で試合場を駆けずり回り、苦楽を共にして日本での成功をつかみました。ツアーへの参加費、ホテル代、交通費、キャディー代等試合に参加する費用も馬鹿にできなく、試合で賞金を稼がなければその費用は全部自己負担になり重くのしかかります。

それだけでなくツアーのシード権がないと、本選に出るために月曜日から予選会に参加しなければなりません。

本選に出たとしても予選を通過しなければ一銭ももらえない過酷なものです。テレビに映る選手は、優勝できなくても下積みの彼女らにとっては羨ましい存在です。

日本の有名な選手にも家族の応援で強くなった人はいますが、死活問題と捉えて家族の命運をかけて挑む選手は少ないと思います。その必死さは日本の比ではありません。

すべからくチャンスと見れば一点集中する韓国ならではの思い入れは、並大抵のものではありません。韓国ではＡｌｌ－ＩｎとかＡｌｌ ｏｒ Ｎｏｔｈｉｎｇという言葉をよく使いますが、「こうと決めたらわき目もふらず全身全霊を注ぐもの」です。これはもしものために保険をかける中途半端な姿勢では勝ち残れないので、目標に向かって全力投球する、背水の陣をしいて挑むことを意味します。

恨《ハン》とは何か

このような必死さは韓国社会でよく言われる「恨《ハン》」とも関係があります。

李御寧『韓国人の心』から引用しますと、

「恨」は別に他人から被害をこうむらなくても湧いてくる心情である。自分自身の願いがあったからこそ、また自分自身の能力があったからこそ、何かの挫折感がはじめて

「恨」になるわけだ。それは、かなえられなかった望みであり、実現されなかった夢である。

他人を恨むのでなく心の奥底のマグマがフツフツと沸いてくることを「恨」と規定しています。

この欲求不満が韓国人の活力であり、荒さ、激しさであります。決して自分は劣っているとは思わず、機会や状況に恵まれないので自分の夢が叶えられないだけだと考えます。

「今に見ていろ俺だって！」

この自意識が心の支えであり、目標に向かって全力投球する原動力です。ここには日本のように周りへの心配りのようなやさしさはなく、ただ目標に向かって突き進む集中力があるだけです。

普通に考えれば、一億三千万人（日本）と五千万人（韓国）の人口の差や経済力からして、オリンピックなどでは日本のほうが金メダリストが多いはずですが、近年韓国が日本より金メダリストが多い理由にスポーツ育成プログラムの充実があげられます。国民に勇気と自信と喜びを与えるのに、自国選手の国際舞台での活躍ほど効果的なものはありません。国家を代表する選手が常に練習できる施設や研究機関、そしてメダルを取った選手に与えられる報奨制度が金メダル量産に大きくかかわっています。

特に男性の場合、兵役の免除は大きなメリットで自然モチベーションを高めます。

仁川アジア大会の野球の金メダルやロンドンオリンピックでのサッカーの銅メダルはその象徴です。

韓国では法律によって、国際大会で活躍した男子スポーツ選手には二年間の兵役義務が免除されます。

スポーツ選手にとっての旬の時期を軍隊で停滞させてしまうのは、本人にとっても国にとっても損失だと考えた制度です。

今はそんなことはありませんが、一昔前は国際大会で負けて帰ると優勝を期待していた国民に代わって、空港の税関員が代表選手に懲罰(?)を与えたそうです。

物が乏しい時代でしたので、いわゆる「舶来品」が貴重であり、選手たちも外国で買い物をして帰るのが慣わしだったこともあって、試合に負け国民に失望を与えたチームには税関検査が厳しかったそうです。ですが、反対に優勝したときには多少お目こぼしがあったに違いありません。

自意識過剰

自己中

仕事で韓国のCAと二、三日一緒だったのですが、その自意識過剰ぶりに改めて驚きました。ソウルにいたときは何とも感じませんでしたが、長らく日本で生活しているとそれが目につきます。

「魅力的ですね！」、「さすがプロの仕事ぶりですね！」と、お世辞を含めて言ったつもりでしたが、当然の如く受け入れる姿に唖然としました。それだけの自負心を持っていると言えばそれまでですが、一応謙遜して「そんなことありません」という日本的な物腰に慣れている当方としてはやりにくさを感じます。

夕食のときも、相手とは二回目であったとしても取引先の偉い人なので、お酒を控えると思っていましたが、堂々とビール、紹興酒、ワイン、焼酎、カクテルを飲み干して場を盛り上げました。

翌日、仕事も難なくこなしスーパーウーマンぶりを発揮し「すごいナー」と思いました。

「さすがプロ」と驚嘆したものでした。けれども仕事が終わった後のプライベートの夕食の席では、前日のパワーはどこへやらしおらしくお酒を一滴も口にしませんでした。

接待に一点集中し全力投球する姿はさすがです。もちろん韓国の女性が全部そうではありませんが、日本の女性より少なくとも自分の意思に忠実なのだと思います。場の雰囲気を読み、自分がどんな振る舞いをすべきかを見極め行動する日本人に比べると、まず自分の意思が先に来ますし、それが当然だと思う傾向にあります。「自己中」とでも言いましょうか。韓国でも空気を読まないわけではありませんが、そんな気疲れするよりは素直にマイペースになるのが韓国的です。

カラオケは人を変える

日本では自己満足よりも、その場の空気を読んで自分が与えられたと感じる役割を忠実に演じることで満足する傾向があります。そのような自己犠牲が評価されないとイラッと来ると思います。だから、このような楽しむ場でも神経を遣い過ぎ疲れてしまうのではないでしょうか。

一般的に、お酒の席でも韓国人の方が自分の気分で歌い踊り、周りのお客のことを気にしません。終わった後に「エクスキューズ」することはあっても……。

ストレスの解消度は韓国人の方が上じゃないでしょうか。周りに迷惑をかけてはいけないという教えが日本の良さですが、気を遣いすぎると何しに飲みに行ったのかわからず、かえってストレスを溜めて帰ることもあるでしょう。

しかし日本人も変わりました。カラオケのおかげで。

古い話ですが、私が軍隊にいたとき、きつい訓練の合間に娯楽時間がありました。班長が「誰か歌う人？」と、言うか言わないうちに六十人の小隊員の中から十人近くが我先にと前に出て歌おうとする情景を見てビックリしました。それだけではありません。ピクニックに行くバスの中で歌って踊るおばさんや、そこかしこの野外で声高らかに歌っている韓国人を見て驚いたものです。

日本で誰か歌えといわれたら、モジモジして周りから勧められ、やっと前に出て行く情景に慣れていた私にはカルチャーショックでした。

けれども海外赴任から五、六年ぶりに日本に戻ってきて、またビックリしました。

あの恥ずかしがり屋で、何回も勧められてやっと腰を上げていた日本の友達らが、すすんで舞台に出てカラオケを歌う姿に。カラオケの発明が日本人の性格を変えたことに。

言葉で切る

朱子学が支配する国

ある中国に関する勉強会で、参席者が「今の日中関係を改善するために安倍首相が南京を訪問したら効果あるのでは」と、講師に質問しました。講師は「二〇〇一年に小泉首相が中国を訪問し、日中戦争のきっかけとなった盧溝橋の記念館を訪れ、日本と中国の友好関係を築き、中国側を喜ばしましたが、その後で靖国神社を参拝したため、せっかくの友好ムードを壊し、当時の江沢民主席の面子をつぶしました（もちろん小泉首相が靖国に行かないと約束したわけではありません）」と答えました。また、このことから「南京を訪問しても中国側のその後安倍首相が靖国神社を参拝するのではとの疑念が払拭されない限り効果がないと思います」という内容の返答をしました。

日本は、韓国にも中国にもことあるごとに謝罪しているのに、七十年たった今でも歴史問題や慰安婦問題を持ち出される、と不満げですが、果たしてそうでしょうか。

ご存知のように、韓国では大統領でさえも退任後、汚職などの容疑で逮捕されることがあり、またその家族の不正が問題とされるなど、過去に遡って法律を適用することまでします。不正があれば大統領でも是非を正すのが、朱子学の世界です。日本のように過去のことを「水に流す」ほど寛大ではありません。

朱子学の世界での「理」の追求は、「究極の善」とは何かを求めますので、曖昧に水に流すことができないのが中国、韓国の論理です。「究極の善」が何であるかに論説を通して命を懸ける伝統があります。刀ではなく「筆」で相手を論破する慣わしです。

昔中国や韓国では言葉や文章で論理を戦わせ、地位や政権を取り、負けた方は島流しにされたり、悲惨な状況に置かれたりしました。さしずめ「文や言葉で人を切る」です。けれども、日本では文字通り刀で人を切ります。ですから日本語には刀に関する単語がたくさんあります。「裏切る」という言葉は韓国語にはなく「背信」と漢字語を使っています。ご存知のように「裏切る」とは前から正々堂々とではなく、後ろから襲いかかる卑怯な行為で「刀」が使われます。

ほかに「切れ味」「切り取り」「真剣」など枚挙に暇がありません。ただ「真剣」という言葉は韓国では「真剣勝負」として使われてますが、日本語が韓国語になった例です。

先にも述べましたが、「是非」という漢字も韓国と日本では使い方が違います。日本では、いろいろありますがひっくるめて「必ず」という意味で使われます。韓国では「正しい＝是」

か、「正しくない＝非」か、を見極める意味に使います。

「시비를《シビルル》 가리다《カリダ》」（是々非々を極める）、「시비를《シビルル》 걸다《コリダ》」（因縁をつける）、のような使い方をします。多分に「二分法」的な発想です。

曖昧が支配する国

日本はとかく「曖昧」な空気が支配する世界ですから、発想が違います。日本は基本的に「済んだことを今更騒ぎ立てても建設的でない、今後どのようにしたら友好関係が築けるか」に重きを置きますが、韓国では、日本は謝罪したと思ったら、有力政治家が、A級戦犯が祀られている靖国神社を参拝したり、創氏改名（韓国人の苗字を日本式に変えさせたこと）を韓国人は喜んで受け入れた、など本当に過去の侵略について反省しているのだろうかと首を傾げてしまう発言を繰り返し、韓国人の自尊心を逆なでしてきました。

いくら有能な大統領でも過ちがあれば遡ってでも正す「是」、けじめをつけたがる韓国人にとって日本の「曖昧」な態度は理解しがたいものがあります。

話が飛躍しますが、「靖国参拝」は韓中の問題であるよりも、日本国民の問題だと思います。韓国や中国からとやかく言われるよりも、まず三百万人もの死者を出した戦争責任の「是非」について、日本国民が議論を深めるべきではないでしょうか。

また、「謝罪」は何回行ったかが重要ではなく、相手が心から受け入れて成立するものではないでしょうか。

サッカーワールドカップについて門外漢のたわごと

個の強さ

日本と韓国だけでなく、アジア勢全滅の二〇一四年ブラジルワールドカップでした。韓国代表は、当初から期待されていませんでしたが、日本代表の結果は予想外でした。四年間磨き上げられた「日本人に合ったスタイル」が確立され、期待が高まっていたのですが……。素人の私なりに感想を申し上げますと、日本と欧州、南米のサッカーの違い、たとえて言えば、「日本刀」と「青龍刀」の違いだと思います。まず、日本のサッカースタイルはあまりにも「きれいすぎた」と思います。

ご存知の通り、ブラジルワールドカップは格闘技を彷彿させる荒々しいものでした。戦術もさることながら、個の強さが際立った大会でした。

個人の技術はもちろんですが、体幹の強さ、ゴツゴツ感が印象に残りました。その意味では、日本の選手はみなセンスがよく洗練されすぎていたように思います。

個の強さを前面に出す本田選手はもとより、長友選手、香川選手、内田選手などタレントにしてもいいぐらいの好青年でしたが、相手に怖さを植え付けられないようでした。

コロンビアの代表選手のように、出てきただけで相手を震い上がらせる迫力に欠けました。結局は日本人の良さでもある「やさしすぎた」のではないでしょうか。

素人考えで言えば、闘莉王選手や中澤選手のような闘志あふれる選手が必要だった気がします。相手をにらみ震え上がらせる荒々しさがあれば、試合の展開が変わったかもしれません。

型にはまれば……

ザッケローニ監督が目指したサッカーが間違いだとは思いません。「全ての責任は監督の私にある」と、かっこよく帰国した監督の背中からは潔さが伺えましたが、勝負の世界にあるどろどろとした怨念が見当たりませんでした。ザックからはイタリア人気質よりもあまりにも日本的な美意識を感じました。

四年間磨き上げた日本のサッカーは、華麗で見る人を魅了しましたが、サッカーの持つ野性味や型破りな面は全然見られませんでした。

型にはまれば素晴らしい結果を出しますが、突発的なことに対処できる能力に欠けた試合を見て、日本人の一面を見た気がします。

こつこつ積み上げ完成する「予定調和」には長けても、予定外の事に対処する能力が欠けているのは、日本が長い間外国から攻められたことがなく、国と国、個と個のぶつかり合いの機会が少なかった平和の対価かもしれません。

過去、トルシエ監督は選手を型にはめ、ボールの運び方までも決めたそうで、「日本人は決めごとを授けられることに慣れている」と言ったそうです。

ジーコ監督は「日本人は規律を守りすぎる、言われた通りに動くがそれ以上のことはしない」と言ったそうです。

だいぶ改善されたとは思いますが、まだ過去の日本代表の外国人監督の指摘が有効なようです。

韓国の小話を一つ

とは言っても、韓国でも型にとらわれることを揶揄した小話があります。

テコンドー（日本の空手に似た格闘技）七段の青年が彼女とデートしているとき、三人の不良にからまれました。彼女は恋人の青年がテコンドー七段なので簡単にやっつけてくれることを期待しましたが、反対にボコボコに殴られてしまいました。

怒った彼女は恋人にテコンドー七段なのになんで殴られっぱなしなのと問いただすと、「道場で習った通りに攻めてくれれば、防ぎ殴ったけれど、セオリー通りに攻めてこないから防げなかった」と答えたそうです。真っ赤に腫れた顔をして……。

すぐ謝る日本人　謝らない韓国人

白黒つけたがる

一般的に、日本語と比較して韓国語の表現はきつく過激で断定的で、すぐ白黒つけたがります。たとえば「따지다《タジダ》」（問い詰める）。

それに対して、日本語はやわらかく、表現が曖昧だと言え、相手に配慮し傷つけないようにする言葉だとも言えます。

「恐れ入ります」、「すみません」、「失礼ですが」、「申し訳ございません」、「ごめんなさい」などのように、言葉の意味よりも相手とのクッション的な表現が多く見られます。その端的に違う例が中国にあったので紹介します。

こんな経験をしました。中国駐在時、北京から長春に出張したときのことです。機内で乗務員からコーヒーをこぼされたのですが、「ごめんなさい」（対不起《トイプチィ》）という言葉は一切なしで、ただこぼした所をチョイチョイとふいて行ってしまいました。

日本や韓国でしたら、嫌というほど謝られる場面ですが、一切謝罪はありませんでした。

こんなことは機内だけでなく、中国ではよくあることですが、謝られ慣れている環境にあった人間にとっては違和感がありました。

ところが、ホテルについて時間が余っていたのでテレビをつけたところ、普段聞きなれない謝罪の言葉「トイプチィ」の連発でした。

まさに「何これ⁉」状態でした。現実ではありえないことが起こっているのですから！

よ〜く目を凝らしてみると、テレビに日本のドラマが放映されていました。市原悦子さんと宮沢りえさんが出演している結婚式場を舞台にしたドラマだったと思いますが、先に言った「失礼します」、「恐れ入ります」も「あら、ごめん」も全部中国語の謝罪の言葉「トイプチィ」として訳されていました。

現実の中国では、自分が悪くても責任を取らされたくないためか自尊心のためなのか、なかなか謝罪の「トイプチィ」を言わないのに、テレビでは謝罪のオンパレードでした。

コミュニケーションのクッションとして「ごめんなさい」と言ったのに、相手は謝罪として受け止め、「あのとき謝っておきながら反省が足らん！」、「日本人は信用できない」となるのですから、文化に由来する言葉の受け止め方の違いは怖いです。

韓国語はなぜきつい？

韓国語がきつく過激で断定的なのは、多分に儒教と数多くの戦乱の影響だと思います。

朝鮮王朝時代に、儒教でもとりわけ朱子学という形而上学的な部分が取り入れられて、理とは何か絶対善とは何かなどを追求し、対立する派閥と論陣を張ってきたので自然と言葉の使い方が発達しましたし、論争して負ければ一族郎党がさまようので、その覚悟は生半可ではありません。

また、韓国は地震、火山、台風などの天災が少ない代わりに北方民族（蒙古、満州族）や漢族の侵略、はたまた豊臣秀吉による文禄・慶長の役など戦争つまり人災が多かったため、その侵略者との切羽詰まった駆け引きを余儀なくされたので、自然に言葉が発達しました。

ですから、寡黙を美徳としている日本人よりも韓国人の方が弁が立ちますし、騒がしいのではないでしょうか。東京よりもソウルのほうが喧騒としているのも、そのせいではないかと思います。

タクシーの運転手にしても違うと思います。日本の運転手は、比較的無口な方が多いと思いますが、韓国のタクシーの運転手は政治や事件などを質問しようものなら延々と喋り捲ります。

先ほど儒教や戦争の影響と申しましたが、韓国人の話し好きは楽天的な性格も一役買っているに違いありません。

ことわざから見る韓国人（一）

하늘이《ハヌリ》 무너져도《ムノジョド》 솟아날《ソサナル》 구멍이《クモンイ》 있다《イッタ》（空が崩れ落ちてもそそり立つ穴がある）

쥐구멍에도《チィクモンエド》 볕《ビョ》 들《トウル》 날《ナル》 있다《イッタ》（ネズミの穴にも日が差すときがある）

どこまでも楽天的！

何てすごい言葉なんでしょう！　韓国のことわざと申しましょうか、よく使われるフレーズです。すごく楽天的な表現でもあるのです。見上げる空が崩れ落ちるわけはないのですが、もし崩れたとしても全滅になるのでなく、必死に探せば必ずどこかに穴があって、そこから脱出すればよいという考えです。津波や台風は局地的ですから、被害が大きくてもその国が全滅することはないでしょうが、天の場合は天が崩れ落ちるのですから、穴なんかあるわけがないのです。それでも生きる道があると期待するのですから、能天気というかしぶといというか。

もう一つよく使われる、「ネズミの穴にも日が差すときがある」。

ネズミの穴は暗くてよく見えない所にあるのが普通なのですが、ここではそんな日が当たるわけがない場所でも、日の当たることがある可能性を否定しないのです。何というしぶとさでしょうか。「俺だって人並みの条件が整っていたら、こんなくすぶっていない」という考えを秘めている言葉でもあるのです。

韓国人は日本人のように分をわきまえるよりは、「俺だって！」という自己主張が強いのです。

あの天才芸術家岡本太郎先生は、一九六四年に当時最貧国水準だった韓国を訪れ、おおよそ「韓国人は貧しさを感じさせない明るさと楽天的で人間的だ」と韓国人を評価し、親しみを感じてくれました。

押せ押せ！

こんな話があります。人が十人集まると、日本人の場合七、八人は自分の分をわきまえてそれぞれの居場所に落ち着き、残りの二、三人がリーダーを目指して争うと言います。韓国人は逆で、三、四人はおとなしくしていますが、六、七人は俺がリーダーになるんだと争うそうです。

よく言えば上昇志向、悪く言えば分をわきまえない欲張りとでも言いましょうか。

　また、こんな言葉もあります。「열《ヨル》 번《ポン》 찍어《チゴ》 아니《アニ》 넘어가는《ノモガヌン》 나무《ナム》 없다《オプタ》」（十回斧でたたけば倒れない木はない）、どんなに難しいことでも十回トライしたら成功するという意味で、韓国人の押しの強さを物語っています。

　この言葉は男女関係でもよく使われ、どんなにツンツンしている女性でも十回アプローチすれば必ず落ちるというたとえに使います。日本人の場合は相手のことも考え、二、三回であきらめるのではないでしょうか。でも、最近のストーカー事件などを見ますとそうとも言い切れませんね。

底抜けに楽天的

　話を戻しますが、韓国人のこの楽天的な気質はどこから来ているのかを、偉い方の説で説明します。

　韓国の歴史学の第一人者である韓永愚教授は、「韓国の自然が穏やかだから楽天的な性格になった」と『韓国社会の歴史』で述べています。韓国には地震も火山もありませんし、台風の被害も日本とは比較にならないほど微々たるものです。

　先にも述べましたが、あの大阪万博の「太陽の塔」で有名な岡本太郎先生は、韓国の底抜けの楽天性を評価し冒頭の「하늘이《ハヌリ》 무너져도《ムノジョド》 솟아날《ソサナル》 구멍이《クモンイ》 있다《イッタ》」という言葉をことのほか好

んで使っています。

また、小倉紀蔵氏は儒教の躍動性に韓国人の楽天性を見出しています。

しかし最近の韓国社会を見ると、その楽天性は失われつつあります。産業の発達による没人間社会、韓国人が強く拠り所にしていた共同体が崩壊し、その心の隙間を埋められず、自殺大国になったのは残念でなりません。

ことわざから見る韓国人（二）

고래《コレ》 싸움에《サウメ》 새우《セウ》 등《ドゥン》 터진다《トジンダ》（鯨の争いでエビの背が裂ける）

翻弄された歴史

これは、大きく強い鯨の喧嘩に巻き込まれ、横にいる小さなエビがとばっちりを受ける意味です。

なぜこのフレーズを引用したかというと、半島ゆえに蒙古族の元が日本を攻め入るときに片棒を担がせられたり、豊臣秀吉が明を攻め入るときに道案内を強制させられるなど、隣の大国の争いにまきこまれて来た韓半島にとってせっぱつまった格言だからです。日清、日露戦争のとばっちりを受けたのもよい例かもしれません。ここでは、どうなったかよりも大国の狭間で韓国人がどのように生き抜いたか、その結果どのような属性が備わったかを見ます。

눈치《ヌンチ》 본다《ボンダ》

「目ざとく本質を見極める」という意味ですが、直訳すると、目上の人の目の動きを見て判断、行動をすることとなります。

この言葉は、一見日本語の「気配り」、「配慮」と似た意味を持ちます。けれども「ヌンチ」は目上の人、あるいは権力者のご機嫌を伺う垂直的な関係で、日本の「気配り」や「配慮」は、自発的で水平的な関係ですので、似て非なるものです。

軍隊に入り訓練所での内務生活は、それこそ「ヌンチ」を働かさなければ上官から殴られるなど訓練場で不利益を受けます。年の若い内務班長におべっかをつかったり、班長の布団をひいてあげたり、たばこを上納する等「ヌンチ」を働かすことにより楽な軍隊生活を送れるのです。まさに日本の旧陸軍の「要領を本分とすべし」そのものでした。一般社会でも今なお有効です。

これは韓国が、昔から縦社会でないと強力な侵略者から国を守れなかったからです。権力が分散されますと侵略を迅速に防げません。韓国も幾度となく日本のような内閣制を試みました。軍事政権の後、権力を分散する内閣制も検討されましたが、国民は一人に権力が集中する大統領制を選択しました。北からの戦争の危機を背負っている情勢からしたら、やむを得ないのかもしれません。

日本よりも縦社会

このような地政学的な背景、軍隊経験、そして目上を敬う儒教の影響で韓国は日本よりずっと縦社会です。

現代史においても、大統領を敬い従いますが、独裁化しますと学生と市民が糾弾し、その座から引きずり落としてきました（六〇年学生革命、八〇年代の民主化運動など）。

なぜなら頼りなく弱いリーダーでは国を守れないからです。強い勢力同士の争いにとばっちりを受けず国を保全するための、韓国人の生存の知恵かもしれません。

「漢字」からひも解く

漢字のあれこれ

日本、韓国、中国、台湾は漢字が通用する漢字文化圏ですが、その使い方もそれぞれです。日本では漢字、カタカナ、ひらがなを併用して使っているので見た目もきれいですし、一見して内容がわかるので重宝します。翻訳書が日本語版と韓国語版の二種類あると迷わず日本語版を手にします。

韓国語版ですと全部「ハングル」ですので、いちいち読まなければ内容がわかりません。ハングルは表音文字ですので、見ただけではわかりませんが、漢字が入っている日本語版は見ただけでも大体の意味がわかるので早く読めます。それに漢字だけでなくカタカナ、ひらがながバランスよく並んでいるので疲れません。中国語ですと漢字だらけですので読む前に圧倒されます。もちろん中国の人は慣れているから苦にはならないでしょうが……。

その漢字ですが、同じ漢字でも最近の中国の漢字はあまりにも簡略化されており、日本や韓国、台湾の漢字に慣れ親しんでいる人には苦痛ですらあります。

「丰」という漢字が北京市内でよく見受けられますが、どんな漢字の略字だかわかりますか。この漢字の元は「豐」という字で、日本の「豊」の字の旧字体にあたります。ご覧の通り冠部分が略された「豊」という字が日本と韓国で使われていますので、いきなり「丰」を「豊」の略字と言われても、日本人と韓国人には無理があります。

ではなぜ「豐」が「丰」になったかというと「豐」をよく見てください。特に冠の部分を。冠をなしているふたつ「丰」のうちのひとつを取って「豊」と読めと言われても、日韓の漢字に親しんでいる我々には無理があります。

余談ですが、なぜ中国がこれほど漢字を簡略化するかというと、少数民族を含んだ十三億人の民の識字率を高め、漢字を通じて言語を統一するためです。中国でドラマを見ますと字幕が出ているものがありますが、それも同じ政策に則ったものです。

美人会話?

それでは本番です。

言葉は通じなくとも、同じ漢字によって意味が通じることがあり便利ではありますが、時には違った意味で使われています。

アメリカのことを日本では「米国」と表記していますが、韓国と中国では「美国」と表記します。

「美人会話」って何だかわかりますか。私がはじめて韓国に行き韓国語の勉強のかたわら英会話をならおうと、新聞広告で選んでいたら、やたら「美人会話」という文字が目に飛び込んできます。

いくら商売といっても「まじめな勉強を美人が教える」という謳い文句は下品だと、いきどおりを感じながら教室をのぞいたら、ひげもじゃのアメリカ人男性が教えていました。「美人」はアメリカ人だということをわかっていたら、こんな誤解はなかったのです。ちなみに「きれいな人」を言うときも「美人」を使います。

美人ついでに「愛人」も使い方はそれぞれの国で違います。

韓国の若い女性が、あなたに彼氏を紹介するとき「내《ネ》 애인입니다《エインイムニダ》」（私の愛人です）と言ったら、「何、この子は不潔なの」と思うでしょうが、それは誤解です。

「愛人」を日本では「不適切な男女関係の人」を呼ぶときに使いますが、韓国と中国では全然違います。

韓国では「恋人」のことを、中国では「伴侶」を呼ぶときに使います。

最後に「大丈夫」という言葉です。

韓国と中国では信頼のおける、頼れるなど「頼もしい男」を言うときに使い、男でしたら女性に言われたい言葉ですが、今の日本ではその意味から派生した形容動詞的に使いますので、気をつけた方がいいですね。もちろん昔は韓中と同じ意味に使われたそうですが。

ちょっとした「違い」

悲しい言い間違い

何度か話していますが、日本と韓国は似ているが故にちょっとした間違いが誤解を生み爆笑したりすることが多々あります。

後輩のパイロットから聞いた話ですが、ソウルから東京に向かう韓国の大手航空会社の機内でのエピソードです。

普通、韓国キャリアの日韓線では必ず日本人の乗務員がいますが、その日に限ってスケジュール上の関係でしょうか日本人はいませんでした。けれども、日本語のできる韓国人の乗務員がいたためにそんなに不便はなかったのですが、機内放送であることが起こりました。

韓国人乗務員は、機内放送で「このフライトは○○と△△の共同ウンコ便です」とアナウンスしてしまい、機内は爆笑の渦だったそうです。

肝心の当事者は狐につままれた様子で、そのときはなんで笑われているのかわからなく、後から聞いて赤面したそうです。

「共同運航」と「共同ウンコ」、「ウ」があるかないかで全然違った意味になるちょっとした違いの失敗談でした。

もちろんこの韓国の航空会社は私が最近かかわったキャリアではありません。念のため。

こんな言葉からくるエピソードはたくさんあります。

何回死ねばいいの?

赤坂で、クラブやキャバクラなどの店では働けないビザのままクラブで働いていた韓国人女性が摘発され、検挙されました。その模様がテレビで報道され、「부끄러워《プクロウォ》 죽겠다《チュッケッタ》」と話しているのが、字幕では「恥ずかしくて死にたい」となっていました。字幕を見た日本の人はおそらく「何も死ぬほどのことはないのに」と思ったに違いありません。これは韓国語を直訳したために起こった誤りで、正しくは「恥ずかしくてしょうがない」という意味です。なるほど後半部の「チュッケッタ」は「死にそう」ですが、何も死にたいわけではなく、韓国では前の形容詞を強調するため「チュッケッタ」を多用します。嬉しくてしょうがないときは「기뻐《キッポ》 죽겠다《チュッケッタ》」、おなかがペコペコのときは「배고파《ベゴパ》 죽겠다《チュッケッタ》」、会いたくてしょうがないときは「보고파《ボゴパ》 죽겠다《チュッケッタ》」と言います。ですからこれらの言葉を直訳したら、韓国人は一日に何回も死ななければなりません。このように韓国語は極端できつい言葉がよく用いられます。

日本のニュースの時間でサッカーワールドカップで惨敗した韓国選手団に、空港で市民が怒りのあまり「飴を投げつけた」と報道されましたが、もっと深い意味があります。韓国では相手を罵るときに使われます。「飴を投げつけた」という言葉の本当の意味は「엿《ヨッ》 먹어라《モゴラ》」（糞食らえ）という悪口の意味で、ここにも韓国人の直情的な気質がよく出ています。「何でもっと頑張れなかったのか」という憤りをストレートに表現しています。

昔の話ですが、ある韓国人のおばさんが韓国から日本に入国したとき、税関で「荷物が多いですね」と言われビックリして、「一度だけ見てください」と言ったそうです。税関の人はキヨトンとして「何回も見てはいけないのか？」と訝りました。韓国人のおばさんは「한《ハン》 번만《ボンマン》 봐주세요《パジュセヨ》」（今回だけはお目こぼしを）、という意味の韓国語を直訳して言ったのが間違いでした。

「味見する」という韓国語は「맛보다《マッポダ》」と言いますが、「맛《マッ》 좀《チョム》 볼래《ボルレ》」となると「味見するか」でなく「痛い思いをしたいのかこの野郎」という意味になるので気をつけてください。

最後に、日本に駐在している韓国人の奥さんが日本の友達に誕生祝いを渡すときサプライズを演出しようと「目をつぶって」と言うところを「目をつぶして……」と言い間違えたそうです。

危ない危ない！

勝負にかける気持ちの違い

「型」と「実践」

今年も友人の誘いで都市対抗野球を見に行きました。プロ野球でしたら名前も知っているし毎日好きなチームの順位やひいきの選手の成績を確認して「よくやった」とか「頑張れ」と応援します。特に私は韓国人選手の成績は欠かさずチェックして、一人喜んだり、何してるんだと残念がってる日々ですが、都市対抗はまるっきり門外漢ですので関心はもっぱら観戦中に飲むお酒にあります。生ビールからはじまって焼酎、ウイスキー、日本酒と種類に事欠きません。

都市対抗野球ファンには大変不謹慎で申し訳なく思いますが、私にとっての観戦はさしずめ「大人のピクニック」ならぬ「おっさんたちのピクニック」とでも申しましょうか……。しかし試合が進むにつれグラウンドの方に目が行き、気づけば応援しているチームの活躍に拍手を送り、目の前の応援団の熱いエールや趣向を凝らした出し物に吸い込まれていました。観客（そのチームの社員や関係のある人々）や応援団と選手が勝利に向かって一つになる様に久々にぐっと来ました。これが都市対抗の魅力でありスポーツの魅力なんだと。日本も韓国も最近共同体意識が薄れ人間の触れ合いや熱いものを感じられないなか、希少な役割を担う都市対抗野球の存在の理由を感じ取りました。特に感動したのは試合中に敵味方の応援団同士が相手チームの健闘を祈る「エールの交換」でした。正々堂々と戦おうと相手を慮る心配りに「これこそ日本の良さ、美学だ」と熱いものがこみ上げてきました。

都市対抗野球で変わっている制度を知りました。地域予選で勝ち抜いたチームが本選に出るとき予選で敗れたチームの中から三人まで補強選手として加えることができるという制度です。何と便利な制度でありいかにも日本的だと思いました。すぐ頭に浮かんだのが日本の将棋です。韓国の将棋と違い日本の将棋は相手の駒を取ったら、その駒を自分の戦力として使えるルールです。韓国の将棋は一度死んだら終りで取った敵の駒を活用できません。ですから勝負の終盤になると王様と家来が一、二人しか残っていないケースがざらです。まさしく死闘といった感があります。

大相撲では日本の力士が優勝賜杯はおろか横綱にもなっていない状況です。ハングリー精神がなくなったなどいろいろ論じられていますが、一番重要なのは勝負に対する考え方ではないでしょうか。横綱が勝負あった後にダメを押す行為で非難を度々受けています。私もあってはならない横綱の品位を汚す行為だと思います。

反面それだけ勝負に徹し勢い余ってのことだとも思えます。勝つことに徹し勝負に全神経を集中させているからではないでしょうか。公平に「立ち合い」、勝負が終わった後は相互に礼をして下がる相撲のしきたりは日本の誇る様式美であり勝負にがつがつする様は品格がないものです。しかし相撲も「勝負」である以上勝ち負けが存在しているのも事実です。

新聞にこんな記事が載っていました。囲碁の話で「Ｇｏ・碁・ジャパン」三年目という題目で、日本囲碁の復活を目指しプロ棋士団体が作ったナショナルチームが発足して三年目を迎えたという内容です。「日本の囲碁は…（中略）…伝統文化、芸事としてとらえ、勝負よりも最善の一手を求める姿勢を重視するのだ…（中略）…一方の中韓両国は、囲碁を「頭脳スポーツ」としてとらえる。風。極論を言えば、経過はどうでもよく、勝ち負けの一手に絞るドライな棋風。最後の最後まで打ち続け投了するような、日本では嫌われる作法も彼らはいとわない」と日本のお家芸である囲碁が中国と韓国の後塵を拝し、早く失地回復を願う記事でした。（毎日新聞朝刊二〇一五年七月三十一日　記者の目）

先日日韓国交正常化五十周年の記念式典に行ってきました。その公演は日韓の芸能など盛りだくさんのプログラムでしたが、その中で空手の演武があり小学生ら幼い子どもたちが一生懸命演じる姿はほほえましくあり感動的でした。ただ韓国と違う点がありました。韓国でもこのような記念式典があると毎回韓国の国技である「テコンドー」（空手と似た武道）の演武が行われますが、必ずと言っていいほど韓国では実戦的な試技が行われます。板を割ったり飛び跳ねて的を撃破するなど、子どもたちであっても必ず演じます。日本は「形」や「演武」が主でした。もちろん空手でも瓦を割ったりするところを見ましたが、演武の主が「様式」つまり「形」にあり、韓国は「実践」に重きを置いているような気がします。たまたまかもしれませんが。

日本の道

日本では「道」と名の付くものがたくさんあります。「茶道」、「武道」、「華道」、「弓道」、「柔道」など、その道一筋に「道を究める」姿勢は日本文化の華でもありますが、華麗な「様式」、「型」、「構え」など形に囚われ過ぎるきらいがあります。「手順」、「型」、「作法」が違えばそれは「道」とは言えないとおっしゃるかもしれませんが、なかにはそれにこだわり過ぎその本来のものを見失っている場合が多々あるのではないでしょうか。平和であるから一つの道を究められ大事に育んでこられたのではないでしょうか。ですから戦っていてもルールを守り作法を大切にする文化が花開いたのではないかと思います。

しかし韓国や中国はいろんな国や勢力から攻められ生存を脅かされてきたので「手続き」や「手順」よりもなりふり構わずかかる火の粉を払わなければなりません。相手が異民族ですからルール通りに戦わなかったからと文句を言えません。昨今の中東を見ても相手を慮ることはありません。まず「生存」が先に来ます。それが現実で日本の物差しでは測れません。日本の経済に他国との商売である貿易の比率が高いことや食料自給率（カロリーベース）が三十九％だという数値、この先外国の労働者の手を借りないと社会が回らなくなる状況など外国と関わらなければ立ち行かない事態に来ています。

ですから各個人が日本社会にこもらずどしどし外国と交わりその考えを取り込んでこそ日本が以前のように活気付くのではないでしょうか。その手はじめに「異母兄弟」（⁉）であり反面教師である韓国と交わることをお勧めします。

第六章

〈韓国人〉はどう生きてきたか

憲法よりも大切な法

ゴネるが勝ち

最近、韓国通の日本人の間でも知られるようになった、嘘みたいな話がまかり通っています。

先日、大学の後輩の検事とこんなやりとりをしました。

「先輩！　韓国には憲法よりも権威のある法律があるのを知っていますか？」との質問。

法の番人である検事のくせに「最高の法律である憲法の上にどんな法律があるのか」と、訝しく思いながら、

「それでどんな法律があると言うんだね？」

後輩の検事曰く、

「憲法のすぐ上の法律は〈ゴネ得法〉です」

「何それ⁉」

「法を守らせる私どもとしても頭の痛い法です」

「法律で禁止されているのに、ゴネられると手が出ないんです」

この後輩は、「私有地に無断でバラックを立てた住民が、立ち退き命令にも関わらず不法占拠しており、てこでも動かず、このようにゴネられると法を執行することができなくなる」と、こぼしていました。

本来なら払う必要がないにも関わらず、土地の所有者が何らかの慰労金を払って立ち退いてもらうケースもあります。

ですから、ゴネたほうが得だということになります。もちろんゴネれば必ず見返りがあるわけではありませんが、往々にして駄目もとでゴネてみる強者もおります。

この「ゴネ」には世間が弱者に同情的で、法律以前に、持てる人間が持たざる人に施すのは当たり前という考えがあるからです。本当にそのような法律があるわけではありませんが、社会全般にこのような雰囲気があるので、憲法より強いという風刺として「ゴネ得法」があり、さらにその上に「国民情緒法」があります。

憲法よりも偉い!?

「国民情緒法」とは、法律上何ら問題がなくとも国民感情に反すれば許されない社会的雰囲気を言います。その反対もしかりです。

こんなケースがありました。

正式に許可をもらい建てた豪華ゴルフ場でも、時と場合によっては非難されることがあります。

いくら法律に則って建てたものでも、韓国経済が不況で庶民の生活が苦しいのに贅沢なゴルフ場を作るのはけしからん、と非難されました。なにもゴルフ場の肩を持つわけではありませんが、ゴルフ場は景気が悪くなる前に着工したもので、完成した時期がIMF経済危機と重なっただけですが、マスコミがその豪華な施設を撮影し、けしからんと煽りたてました。

また、日本の親韓派の人々が憂慮しているソウルの日本大使館前の道路に設置された「慰安婦少女像」は、道路法違反にも関わらず、国民の情緒を配慮して撤去できないのです。

近代社会は、合理的かつ法律を順守し公平に政治を行うことが善とされていますが、人間の心にある情までもスパッと割り切れるものでしょうか。今、先進諸国に蔓延している社会病理の原因は人間の情があまりにも排除されているからではないでしょうか。日本で韓国ドラマが流行っている理由の内の一つは、合理化された規則的な生活を味気なく感じた日本の皆さんが、過剰なまでに表現している韓国人の情に引かれたからではないでしょうか。

情に流されすぎてしまうのも問題ですが、あまりにも割り切り過ぎて情が入る隙がないのもどうかと思います。

人間の体が清潔すぎるとかえってバイ菌に対して抵抗力がなくなるように。

韓国の言葉に「너무《ノム》 깨끗이《ケクシ》 하면《ハミョン》 복《ボタ》 달아《タラ》 난다《ナンダ》」（あまりきれいにすると福が逃げていく）というものがあります。嫁が嫁いできて姑に気に入られようと部屋や台所などをきれいにしたのに却っていさめられるからおもしろくありません。

特に清潔好きの日本の皆さんは理解できないでしょう。「清濁併せ呑む」という言葉のようにきれいなものも濁ったものも併せ飲まなければ抵抗力が付きませんし、強くなりません。

無菌な子どもがいきなり大気に触れ病気を起こすように。

韓国の「ゴネ得法」は日本の人からすると無理があると思いますが、力のない庶民が既得権や不平等な法に打ち勝ち、自分の権益を守るためにはこんな方法でも使いゴネなければなりません。古今東西庶民に有利に法が施行されたことはありません。ですから、自分の取り分をなりふり構わず確保する庶民のしたたかさという側面もあるのではないでしょうか。

「国民情緒法」に至っては、国民感情や情緒が「法」では解決できないことを覆すパワーとして発揮されました。現代だけでも李承晩独裁体制を打倒した四・一九学生革命（一九六〇年）、無能な政治体制を覆した「軍事革命」（一九六一年）、「学生民主化運動」（一九八〇年代）など、法に則っては不可能なことを国民の気持ちが一つになり大きく体制を転換させ今日に至っています。と言っても私は革命礼賛者ではありません。

国民情緒、庶民の欲求がパワーに転化したときは恐ろしい爆発力を持っている側面を理解して欲しいのです。

また、この二つの法でない「法」がまかり通る背景には法律でにっちもさっちもいかない弱者の抵抗、救済という側面があります。

法律という権威に泣き寝入りせずしたたかに生きていく庶民にとっての自己主張とも言えます。

もっと韓国を知るためのことば

국민정서법과《クンミンジョンソポプグァ》　때법《テボプ》　国民情緒法とゴネ得法

実際にある法でなくユーモアと諧謔が好きな韓国人が、まことしやかに法があるがごとく会話の種にする言葉です。日本に比べ近代的でない分人間的な側面があります。

枠にはまりたくない気質と「予定調和」

長期的な戦略は苦手だが……

サッカーブラジルワールドカップの期間中、日本と韓国では決勝トーナメントに進出できるかどうかが、関心の的になっていました。前大会の南アフリカ大会では、両国とも予選グループを突破し、南米のウルグアイとパラグアイに惜しくも負け八強入りを果たせませんでしたが、今回の下馬評では韓国よりも日本が予選を突破し、決勝トーナメントに進出する可能性が高そうでした。

過去、日本のワールドカップ出場にはことごとく韓国がその前に立ちはだかりましたが、今や日本がアジアを代表するチームになりました。それは日本の緻密な計画と長期的な戦略によるものですが、それに比べ韓国は長い眼で見た緻密さや戦略に欠ける面があります。コツコツ積み上げる気質が築いたのが今の日本の姿です。韓国は勢いに乗ったときは強いのですが、日本よりは、長期的な計画は苦手ではないでしょうか。

二〇〇二年のワールドカップに戻ります。日本と韓国が共催した大会で、両国とも念願のワールドカップ初勝利と決勝トーナメント進出を果たしました。目標を果たした日本はそれ以上進めませんでしたが、韓国はホームの地の利を味方につけ、何とベスト四まで進出しました。審判の一方的な判定だのといろいろと言われましたが、私は両国の成績の結果は両国民の気質の違いが明暗を分けた一面があると思います。

日本は目標の決勝トーナメント進出を果たしたので、そこで燃え尽き、次のトルコとの対戦にトルシエ監督が叱咤激励しても、モチベーションが上がらず敗退したと何かの本で読みました。目標を立て、その達成のために綿密な計画のもと、一歩一歩積み上げ全力で達成したのですから、誰にも文句を言われる筋合いはなかったのですが……。

しかし、ライバルであり共催国でもある韓国が準決勝まで進出したのですから、共催国としては心穏やかではありません。

実力が格段に違っていたならまだしも、日本の方が同等かそれより上だといっても言い過ぎではないぐらいでしたからなおさらです。

物事は相対的なもので、韓国が予選敗退していたら、日本の成績は絶賛されたに違いありません。逆の場合でも同じことです。相手に同情しながらも、内心よくやったと喜ぶのがライバル関係にある人の心の機微ではないでしょうか。

予定は予定

では、なぜ韓国はベスト四に上りつめることができたのか？

それは韓国人が、日本人のように「予定調和」にとらわれず、チャンスだと思ったら予定をかなぐり捨て、より貪欲に極みを目指す気質があるからだと思います。

海外での両国の観光ツアーにおける団体行動に、その答えがあります。おおむね日本の団体は、もっと観光地を見たくても一行に迷惑かけてはいけないので集合時間を守りますが、韓国人は日本人よりは時間を守りません。

時間を守ることも重要だけど、景色に見とれて多少遅れても仕方ない、という自分勝手なところがあります。

オシム日本代表監督がその著書『考えよ！』で、「日本人はプレーにおける責任感に欠けている。まるで疫病から逃げるようにして責任から遠ざかる」、と指摘しているように、リスクを負わず個が目立つよりも全体の和を尊んでしまう気質がありますが、韓国人は日本人に比べ全体よりもまず個を優先します。チャンスがあると見たら枠にとらわれず貪欲になります。

強豪のイタリアやスペインと対戦したときも、相手の名にひるまず瞬時に相手を把握して、強ければ「ヌンチ」を見て従いますが、弱ければかさにかかり相手を蹴散らす強さが作動しました。そのおかげで準決勝に進出し、韓国人さえも驚かせました。

まさにこの快挙は韓国語の「신들린다《シンドゥルリンタ》」（神が宿る）状態で、韓国は何ごとにおいても「神」が味方すると常識では考えられないことが起き、何ごともはかどり「有頂天」になります。

日韓ワールドカップにおいての韓国の活躍は、まさに「神がかった」快挙でした。

もっと韓国を知るためのことば

신난다《シンナンダ》　神がかりになる

韓永愚『韓国社会の歴史』では、

韓国人の楽しむ姿を「シンナンダ」「浮き立つ」と表現し、楽しげに働く様子を「シンドゥルロッタ」「神懸かりになる」あるいは「シンパラムナッタ」「上機嫌だ」と言う。これらはすべて、人間とシン（天）が合一した瞬間がもっとも楽しいという意味である。韓国人の宗教的エクスタシーが正に「シンパラム」（著者注：悦に入った状態）であり、美しさなのである。

と説明されています。

韓国のエリート校

エリートたち

韓国の三大エリート大学は国立ソウル大学、私立の延世大学、高麗大学と言われています。大学入試の受験塾に三校の頭文字を取った「ｓｋｙ」班があります。ソウル大（ｓ）、高麗大（ｋ）、延世大（ｙ）の韓国読みのイニシャルを取っています。

このほかにもカイスト大学、浦項大学など上記大学よりも優秀な大学があり、いずれも科学技術系で抜きん出ていますが、総合大学ではこの三校が名門です。ソウル大、高麗大、延世大には、芸術（音楽、美術学部など）や体育学部、家政学部などがあり、日本の総合大学からは想像できないことです。

ソウル大学は戦前の京城帝国大学に、戦後、工学、商学、師範大学などの専門学校を併合して総合大学になりました。一九七二年に新しいキャンパスができるまでは、それぞれのキャンパスに別れていたことと、エリート特有の個人主義とが重なって団結力は他校よりは薄いと言われています。

延世大学は、都市部の学生が多く入ったため、昔でいうシティボーイ、オシャレな学生が多いと言われましたし、高麗大学には地方出身の学生が多かったため、無骨で人情味が豊かと言われてきました。

お金があれば、ソウル大学の学生は本を買い、延世大学は靴を磨き、高麗大学はマッコリ（日本でブームになった）を飲むと言われました。マッコリは農村を象徴するお酒でした。

また、先にも述べましたが、この三校は次のようにたとえられもしました。

ソウル大学の学生たちは、エリート意識と各キャンパスが離れていたことで砂にたとえられます。砂を手ですくうと固まるどころか指の間から漏れてしまうほど、バラバラだと言い、延世大学は砂の粗いブロックにたとえられました。一応くっついてはいるがすぐ壊れ、ソウル大学よりはまだましだが、団結力はいまいちだと言われました。その点、高麗大学はセメントと言われ固い結束力を誇りました。

職場や官僚社会でも先輩が後輩を引き上げるなど、面倒をよく見るのは高麗大学出身者だと言われています。ある組織に入ると必ずと言ってよいほど同窓会を作るのも高麗大学の特徴です。

李明博《イミョンバク》大統領も母校の後輩を引き上げ、社会から非難を受けました。皆さんもよく知っているフィギュアスケートのキム・ヨナ選手も高麗大学に進学しましたが、地方出身ではありません。

エリートはどこへ進む？

昔は、ソウル大学出身者は官僚に、延世大学は経済界に、高麗大学はマスコミに行くと言われました。これは一昔前の東大、慶応、早稲田の傾向と似ていますが、両国とも現在ではそれほどでもありません。しかし今の朴槿恵政権においても、主要閣僚はソウル大学出身者が占めています。

高麗大学は、その名前からして民族学校としての誇りを持っており、設立財団が民族資本であったことも校風に影響を与えています。

大統領制の韓国において、首相や主要ポストはソウル大学出身が占めていますが、絶対権力者である大統領には縁が薄いといえます。現在までの十一人の大統領のうち、ソウル大学出身はたったの一名です。

いずれにしても、ソウル大学ＯＢは優秀ではありますが、強いリーダーシップを要求される韓国の政治家には修羅場をくぐっていないエリートはなりにくいようです。このジンクスはいつ破られるのやら……。

ちなみに高麗大学出身者は一名、李明博氏が大統領になりましたが、延世大学出身者ではまだ生まれていません。

もっと韓国を知るためのことば

Sky（스《ス》카《カ》이《イ》대《デ》학《ハ》）에《ゲ》 가《カ》고《ゴ》 싶《シ》어《ポ》　スカイ大に入りたい

最近ではこの三校でなくともソウル市にある大学に入れただけでも成功と言われる程受験戦争が激しくなっています。

韓国有名校同窓生の自画像（一）

京畿高校卒業生

싸우면서《サウミョンソ》 건설하자《コンソルハジャ》（『北と』戦いながら建設しよう！）

韓国の京畿《キョンギ》高校といえば、超一流校として崇められる学校です。日本の東大に当たるソウル大学に進学率ダントツナンバーワン校でした。でしたというのは、日本の日比谷高校と同じく入学試験が廃止され抽選（一九七四年）になるまでのことです。

そのプライドと言ったら大変なもので、「この校章が目に入らぬか！」、「へへ！」とひれ伏すほどでした。教育熱が高い韓国では、本人だけでなく親や親戚までも鼻が高いものでした。

京畿高校は、日本の支配を受ける十年前にできた官立校で、一九〇〇年に設立され百十五年の伝統を誇ります。

その卒業生五十五期の同窓生が、卒業五十五周年を記念して動画を作り、話題になっています。

七十代中盤の彼らが歩んできた道のりは、韓国の現代史と重なり韓国を理解するのに役立ちますので翻訳して掲載します。

七十代の自画像

パリの凱旋門の下には、第一次世界大戦終戦とともにアルザス・ロレーヌ地方がフランスの領土になったことを記念する銅板がはめ込まれています。元はフランス領でありましたが、普仏戦争で敗北したことにより学校ではフランス語の授業が禁止されます。『最後の授業』、アルフォンス・ドーデはこれを文学作品として作ります。

国籍が一度変わっただけで、彼らはこれほど涙にむせびます。だとしたら我々は国籍が何回変わったのか？　いくつの国旗がはためいたのか？

奇遇な運命であったが偉大な人生を歩んだ我ら

一九四〇年、皇国臣民として生まれた我らは我が国の童謡よりも先に日本の軍歌を学び育ちました。

最初の旗（訳者注：日の丸）：真珠湾攻撃ではじまった太平洋戦争。原子爆弾による一九四五年日本の敗戦。感激の万歳を叫んだのも束の間日本軍の武装解除の名目で北はソ連軍が、南はアメリカ軍が進駐して来ます。アメリカの軍政庁学務局で作られた教科書で学校生活をはじめます。

二番目の旗（訳者注：太極旗）：一九四八年八月十五日大韓民国政府樹立とともに本来の祖国の旗！

三番目の旗（訳者注：人民共和国の旗）：しかし、その時北にいた人々と六・二五で避難できなかった人々はそれぞれ別の旗を見ます。

四番目の旗（訳者注：星条旗）：北の南進によってはじまった朝鮮戦争。やっと樹立した国は戦場と化し我々は避難学校に集いました。仁川上陸作戦（訳者注：アメリカ軍による作戦）と諸外国の助けにより国は守られましたが、戦争で全国土が廃墟となり北緯三十八度線は休戦ラインに変わり分断は継続します。

戦争後、外国からの援助がなければ、食べることさえままならなかった時代、混乱と不正腐敗で国は病にむしばまれていきました。一九六〇年四月十九日、我々は立ち上がり、崔正圭をなくしました。国民が政府を倒し第一共和国は終止符を打ちました。続いて、出現した第二共和国、軍事革命（クーデターとも）にはじまり政治は激動の時代を送ります。

このとき我々ははじめて社会に第一歩を踏み出します。これといった働き口があったわけでもなく会社とはいえないところで一日を二十五時間のように一週間を八日のように働き続けました。月、火、水、木、金、金、金。

家族と休暇を過ごしたことがあったでしょうか。

また一部の人は、祖国を後にして遠い外国に糧を求めて出稼ぎに行きました。言葉も通じない異国の地で、差別と家族への思いでどんなに涙を流したことか。

今、我々七十代が祖国の歴史の前で褒められることがあるとすれば、その絶望の状況の中で決して諦めず歯を食いしばり生きて来たことではないでしょうか。

ドイツに行った鉱夫は炭鉱の中で、看護師はありとあらゆる雑務をこなし必死に働きました。

ベトナム戦争派兵の代償は犠牲もありましたが、韓国経済に貢献し、中東の砂漠で流した汗はドルとして返ってきました。何かをやってみようとはじめた「セマウル運動」（訳者注：農村革新運動）のテーマ曲「明け方の鐘」は全国に鳴り広がりました。輸出こそが生きる道だと信じた我々は、カツラ、ぬいぐるみ、靴、世間では最も安っぽい商品でしたが、誠実と信用で全世界に売り込みました。他の国との計り知れない格差、ですから我々は「早く早く」こなさなければなりませんでした。早く早く作り、早く早く売り、ご飯も早く早く食べたばかりか、トイレも早く早く済まさなければなりませんでした。

このごろの若者が知っているでしょうか。君たちがあざ笑うその「早く早く」が君たちを食べさせ、君たちに教育させたことを……。

飢えから解放され、開発途上国では夢見ることもできなかったソウルオリンピック。我々を世界の舞台に立たせ、やればできるんだという自信を植え付けました。二〇〇二年ワールドカップの全国民の歓声は、この全てを成し遂げた我々に対するエールのように聞こえました。

平昌冬季オリンピックの誘致成功はわが国を名実ともに先進国に仲間入りさせました。

（続く）

韓国有名校同窓生の自画像（二）

成し遂げたこと

フランスが第五共和政まで二百年かかったにも関わらず、わずか一世代で第六共和国まで上りつめた国。イギリスが産業革命以後二百年かけて成し遂げた産業化をわずか一世代で成し遂げた国。世界歴史上前例のない短い期間で、「産業化」と「民主化」を成し遂げた国。

我々全員がそれぞれの持ち場で汗を流し努力した結果、国民所得三百四十倍の成長、外貨保有額九千倍増加、半導体輸出世界一位、自動車輸出世界四位、貿易取引額世界八位になりました。

我々がやりました。

我々が成し遂げました。

今や我が歳七十と何歳。一九六〇年代にパートナーに出会い、一間の借家ではじめた新婚生活。愛憎入り交じり生きてきた五十年、二人は四人になり、四人が六人になり、また八人になり、十人になりました。孫たちはたくさん生まれました。孫たちは会いに来ても挨拶をしたようなしないような素振りで携帯に没頭するばかりか、北進統一を叫び神聖な国防の義務を全うした我々の前で、北に追随する若者が我が物顔で闊歩する様、我々の時代は二桁の経済成長だったのに、国民所得二万ドルで足踏みしている国の経済、事故共和国として世界のマスコミをにぎわす様を見ると怒り心頭になります。

二つの意見があります。

自分の子どもですらどうすることもできないのに、世のことをあれこれ言っても仕方ないという意見と、

我々が蓄積した経験と知恵を難しくても伝えていこうという意見。

こう考えたらいかがでしょうか。

最近の若者たちは間違っているのではなく我々とは違うだけだと。

世界を熱狂させる音楽も作り、オリンピックではメダルも獲得し、すばらしいこともたくさんするではないですか。我々が今川岸にいって櫓をこいでも川の水が早くなるわけでもなく、反対に漕いでも川が逆流するわけでもないのです。

もう肩の力を抜きましょう。我々は最善を尽くしました。これからは君達が担っておくれ。

我々よりもわが祖国大韓民国をより素晴らしい国にしておくれ。

傍を見てください。今だ美しい伴侶がおり、いつも親しい友がいるではありませんか。

余計なことに気をもまず、健康を損ねずに、我々で楽しく健康に暮らしましょう。

決して平穏ではなかった人生であり、辛かったけれども偉大であった七十余年お疲れ様でした。


何はともあれこのような先輩のお陰で今日の韓国があるのです。

また、日本という良い隣国の存在も見落としてはいけないと思います。

このような名もない先輩たちの血と汗と涙によって最貧国だった韓国が先進国になりました。

URL：https://www.youtube.com/watch?v=-Wel0LVsYzw

血縁、学縁、地縁

重視される縁

韓国人の血の繋がりは、日本人よりも濃いと言いましたが、その血縁と並んで重要視されているのが学縁です。学校の同窓生の繋がりで、学校にもよりますが、主に高校の同窓生の繋がりが強固です。大学になると大人になった分だけ情が薄くなるのでしょうか。

もちろん大学でも私学の雄高麗大学はその繋がりを密にしていますが……。

三番目に大切にしているのが地縁です、どこの出身かによって距離感が違ってきます。特に大邱《テグ》や釜山のある慶尚道（嶺南）、全州や光州のある全羅道（湖南）出身者の郷土意識が強いです。

新羅系である慶尚道と百済系である全羅道は仲が悪いです。その対抗意識から地縁をより強固にしています。どちらかが政権を取るかによって、その地域の人がより多く登用されるかが決まりますので、大統領選挙は大きな関心事です。

全羅道出身の金大中《キムデジュン》大統領のときは、この地域出身の閣僚が多く、李明博大統領のときは、その出身地である慶尚道の人が多く登用されました。ですから大統領選挙は白熱します。

地縁だけでなく李大統領は学縁で高麗大学卒業生も重用したそうです。

名前で世代がわかる

韓国では出世するために、この三つの要素が絡んできます。血縁では名だたる両班の出である方が箔がつきます。私の場合を例にとりますと、一応名門の安東権の出です。一応と申しますのは、実際は正当な流れをくんだ形跡がなく、戸籍法が変わって平民でも苗字がつけられるようになってから、祖先が名家の「安東権」(現存する最古の「族譜」が残っている名門)を名乗ったのかもしれません。なぜなら名家を誇る家柄は始祖から数えて何代目なのか名前にその証が入っているからで、私の場合はそれが反映されていません。

たとえば、三十一代だったら「丙」の文字が名前に入り、権丙○となります。丙という字の上の画一=数字の「一」に値し、三十二代だと「重」という字が入ります。「重」の下の画が「二」を表しています。続いて「泰」、「寧」、「五」となり三十六、三十七、三十八代が「赫」「純」「容」となります。私の場合名前が「鎔大」ですから、この原則に従うと三十八代の「容」に該当します。

けれども、おばの名前に「泰」という字が入っているので、「鎔」の発音が三十四代の「寧」

と似ていることと、現在「権」という姓は三十三～三十五代が多く、三十八代では権の姓の人と会うたびに相手を敬わなければなりませんので、根拠なく三十四代を名乗っているわけです。

韓国は苗字が少なくこのように名前も家柄によって一字を義務的に付けますので、同じ名前の人が多くなりますので気をつけてください。また、この法則を知ればどんな家柄の何代目かその人の背景がわかります。

いきさつはどうであれ名家の血筋を持った姓を名乗り、学縁ではソウル大学卒業という看板、家内が女子校の名門梨花女子大学、長男と次男が私学の雄、延世大学と高麗大学出身ですから、学閥の面でどこかと繋がっています。実力はともあれ名門大学を網羅しています。

地縁の面においては、私の本籍が朴正熙大統領をはじめ現代まで五人の大統領を輩出した慶尚北道、家内が釜山で二人の大統領を輩出した慶尚南道出身、長男の嫁が多くの総理大臣を輩出した全州で全羅北道、次男の嫁が金大中大統領の出身の全羅南道の麗水（海洋博が行われた都市）ですから、韓国の有力地域を全てカバーしています。

この経歴は大統領候補になれる全ての条件を兼ね備えています。名門の血筋、韓国の名門校を網羅した家族を含めた学縁、歴代十人のうち八人の大統領を輩出した地域をカバーしているわけですから、韓国においては申し分のない経歴ですので大統領選に出馬することも考えました。

ですが肝心の本人の能力がないことを他の誰よりも知っているだけに、残念ですがあきらめました。

もっと韓国を知るためのことば

혈연《ヒョリョン》 학연《ハギョン》 지연《ジヨン》　血縁、学縁、地縁

韓国ではいろんな分野で「血の繋がり」「学閥」「地域の縁故」が物をいうときが多々あります。法律で一刀両断すべきですが、韓国では様々な「しがらみ」が左右することがあります。

牧師とチョンアルテクシ（弾丸タクシー）

牧師と運転手

「총알《チョンアル》」、チョンは銃、アルは玉、若しくは卵のことで「銃の卵」という意味です。チョンアルテクシとは銃の弾が発射されるぐらいの速さで走るということですから相当なスピードです。

韓国にこんな小話があります。

天に召された牧師と弾丸タクシーの運転手が、閻魔大王の前で天国行きか地獄行きかの裁きを受けます。もちろん一生神に仕えていた牧師は余裕しゃくしゃくです。

天国は、自分のような聖職者のためにあるのだから当然だと考える牧師と、ラフな運転でお客をヒヤヒヤさせたり、高額な料金をふっかけたり、不親切な態度をとった運転手は「どうせ俺は地獄だ」と、ふて腐れていました。けれども、判決は意外や意外、牧師が地獄行きで、弾丸タクシーの運転手は天国行きだと判決が下りました。

当然牧師は納得しません。閻魔大王に、「四六時中神に祈り、信徒を神に導いた私がなぜ地獄で、金儲けのために交通違反を犯しているぼったくり運転手が天国なのですか」と猛烈に抗議しました。

黙って聞いていた閻魔大王は、おもむろに口を開き、こう言いました。

「なるほど、君は神に仕えたから天国に行く資格があるが、君の説教が悪い」

「どこが悪いのですか」

「君が教会で説教すると、つまらないから神に祈るどころかみんな寝てしまうではないか。しかし弾丸運転手は猛スピードで運転するから、乗客にいつも神様お助けくださいと祈らせる。彼の方が神に導いている分天国にしたんだよ」

韓国の宗教事情

単なる笑い話ですが、韓国を象徴している二人ですのでこの小話を引っ張り出しました。

皆さんは韓国は儒教の国ですが、お寺も多いので仏教徒がたくさんいると思われるでしょうが、キリスト教を信じる人も韓国の人口五千万人のうち五分の一以上、約千二、三百万人いると言われています。

統計によりまちまちですが、おおよそプロテスタントが八百から九百万人、ローマ法王が韓国を訪れたカトリックは、五百万人いるとされています。

伝統的色彩の強い韓国ですが、人口の五分の一以上が西洋の宗教を信仰しているからすごいものです。

プロテスタント（聖職者を牧師という）は、十九世紀末から宣教師が韓国を訪れ、布教活動を行いました。

その際、学校や病院などを建て韓国の近代化に貢献しました。また韓国戦争のときも救援物資などを支援しながら、信者を拡大させ、世界の十大プロテスタント教会のうち八教会があるほど盛んです。

カトリック教会（聖職者を神父という）は、十八世紀に韓国人自らが中国に行き、洗礼を受けたことからはじまりました。日本の例を見るまでもなく、神父がその国に来て布教し洗礼を授けるものですが、韓国は自分の足で中国に行き、そこにいる外国の神父から授かった事実を誇りにしています。

日本では、十五世紀にフランシスコ・ザビエルをはじめ多くの宣教師が布教に訪れましたが、その努力もむなしくカトリック信徒は約五十万人に過ぎません。

二〇一四年にローマ法王が韓国を訪れたのは、アジア青年大会のためでもありましたが、五百万人という信徒数がいたからだと思います。皆さんが韓国に行って十字架を掲げている建物の多さに驚くのも無理はありません。

このように、韓国に西洋の宗教であるキリスト教徒が多いのには、近代の文物導入の一翼を担ったことや、韓国戦争での混乱期に救援物資などで支援したこと等いろいろ原因はありますが、一番大きな原因は韓国の地政学的位置にあるような気がします。

数多くの戦乱に見舞われる半島は日本のように分権では強力な敵に対処できません。常に卓越した指導者の下で一致団結する必要があります。その風土が一神教を受け入れる土壌になったのです。日本で一神教のキリスト教が根付かず多神教であるのもこのような地政学的位置に関係しているような気がします。

また、上昇志向の強い韓国人の慰めとしての側面もあるように思います。いくら頂点に立とうとしても常にそこに到達する人は一握りの者に限られ、その他大勢は挫折を味わうことになります。その癒しとしての役割を担っているのではないでしょうか。

その点、日本人は無理に上昇しようとするのではなく、与えられた状況の下で努力を重ね、それぞれ住み分けますので、キリスト教のような絶対神より八百万の神を敬いながら暮らす風土なのでしょう。

夜間通行禁止

夜間通行禁止令

韓国には昔、夜間通行禁止令がありました。十二時から明け方の四時まで、特別な場合を除いて一般人や車が屋外を移動することを禁じていました。北との戦争状態であるため、敵の侵入を防ぎ、治安維持の目的でアメリカ軍が発したもので、一九八二年一月五日までの三十六年と四ヶ月間、不便な思いをしました。ただ例外もありました。

クリスマスイブの十二月二十四日は通行禁止が解除され信者だけでなく、若者たちにとっても格好のデート日和でした。

通行禁止令が解除されたのはクーデターで政権を得た全斗煥大統領が、その正当性の問題から国民の関心を逸らそうと、数々の規制を解除した一環だと言われています。プロ野球の誕生とテレビのカラー放送開始、学校の制服と海外旅行の自由化も前後して行われました。

間に合わない⁉

さて、この通行禁止が弾丸タクシーと関わりがあるのです。お酒を飲んで十二時以内に家に帰らないと外泊になるので、日本より恐妻家の韓国の旦那衆にとって外泊はご法度です。

金浦空港近くの禾谷洞《ファゴクドン》に住む人は、だいたいソウル市庁前に十一時四十五分までに着けば、タクシーが約七、八キロの道のりを十分で走ります。といっても、一人で乗るのではなく同じ方面の客四人が集まったら出発ですので、走り出すまでの時間を計算しないと遅れてしまいます。方向が同じでも細い道まで入ってくれませんので、降りてから家まで歩く時間も頭に入れないと、近くの旅館に入り家に電話で長々と弁明しなくてはならない事態に陥ります。

チョンアルテクシの運転手は、乗せた四人からそれぞれ正規のメーター料金を取るわけですから、普通の稼ぎの四倍になりおいしい臨時収入になりますが、違反したら罰金を取られる危険との隣り合わせですので、運転するときは否が応でもアクセルを踏みっぱなしになります。

運転手と呼んではだめ

韓国のタクシー会社はおおむね零細で、運転手は高い上納金を払わされているのでメーター通り走っていては家に持って帰るお金が残りません。不法ながら相乗り（同じ方向の人を乗せ正規の料金をもらう）をして稼ごうとします。四人乗るのだから四分の一でいいはずですが、納得するまで時間がかかりました。

当時は自動車産業が発達しておらず、車やタクシーが少なかったことや、大衆の交通手段はバスが主で、今のように地下鉄網が整備されていなかったので、タクシーを拾うのが難しい時代でした。

急ぎのときは五千ウォン札や、一万ウォン札をかざしてタクシーを止めたもんです。

日本でもバブルのときは、飲み屋街でなかなかタクシーが拾えず同じ方向での相乗りや高額の札をちらつかせタクシーを止めたこともありました……。

今は車もきれいで相乗りすることはなくなり、模範タクシーには外国語を話す運転手もたくさんいるほどアップグレードされました。親切度と安全運転ではまだ日本の運転手にかないませんが、急ぐ際の集中力は韓国のほうが助かるときがあります。

おっと、韓国では運転手を「運転手さん」と呼ぶと返事をしないことがあるので、「キサニム（技師さん）」と呼んでください。プライドが高いのは基本ですが、「今はハンドルを握ってへいこらしているが、チャンスが来たら俺だってお前らにも負けないぐらいの生活する力があるぞ」という「恨《ハン》」があるのをお忘れなく。親しくなれば料金もまけてくれるし、親身に道を探してくれるから、ぶっきら棒だからと敬遠したら損ですぞ！

韓国では何ごとも積極的に相手の懐に飛び込めば道が開けるものです。

韓国人の見栄（一）

社長がいっぱい

かなり昔の話ですが、韓国がまだ経済成長をしていない時代、事務所を構える余裕がなかった人々は、喫茶店でたむろしながら、その店の電話番号をあたかも自分の会社の番号のように名刺に刷っていました。その喫茶店に電話が掛かり、お店の人が「金社長電話ですよ」と叫ぶと、そこにいたお客のほとんどが振り返りました。

他でお話ししたように韓国は五人に一人が金さんですから、みんな一斉に振り向いても不思議ではありません。けれども、苗字ではなく社長と叫んだだけでも反応するから驚きです。あたかもその喫茶店が会社の事務所であり、従業員がいなくても社長だと言っているからビックリします。さすがに日本人が同じ状況でも、喫茶店が会社で、店の人が従業員で自分が社長だと格好をつける人は少ないのではないでしょうか。

韓国人特有の見栄っ張りだといえるでしょう。本当の社長、つまり会社があり従業員がいて自前の電話がある人は、その机の上に貝で施された豪華なネームプレートを

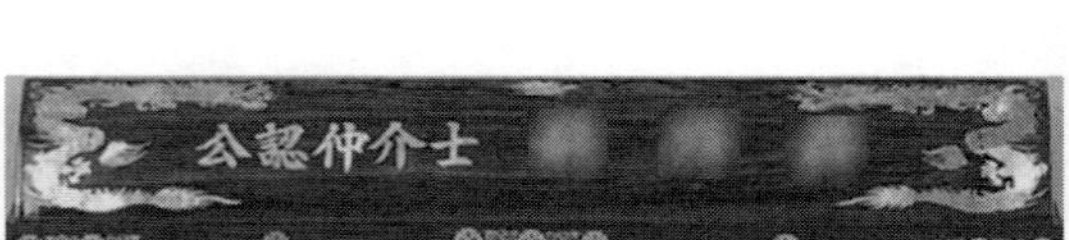

豪華なネームプレート

置いてその権威を内外に知らしめていました。不動産の紹介業を生業にする人ですら、このようなネームプレートを机に置いているくらいですから企業の会長らはさぞや豪華に違いありません。

今はそれほど派手ではありませんが、一部では残っています。韓国のドラマを見ると必ず豪華なネームプレート出て来ます。会社や団体のお偉いさんの部屋に行くと、必ずといっていいほど貝殻で細工されたネームプレートが机の上にデンと置かれています。

「取締役代表会長○○とか「△△理事長××」などとあります。無駄で悪趣味に見えないこともないのですが、見方を変えれば、ここまで誇れる地位に付けたのは自分の努力の賜物で、もっと高い地位に付き、もっと豪華なものを作るんだという発奮材料にしている面があると思います。昔のドラマや映画ほど地位（社長、会長など）と名前が書いてあるネームプレートが豪華なはずです。

会長がたくさん⁉

なぜこの話からはじめたかというと、自分の出世したことを知らしめたい欲求を肩書、名称で表現する韓国人の見かけ重視を言いたかったからです。

ですから、今は「社長」という名称があまりにも多くの人に使われインフレになってしまったので、ワンランク上の「会長」という肩書が流行っています。猫も杓子も「社長」ではありふれているので「会長」がもてはやされています。

日本人は百を知っていても七十しか表現しない謙虚さがあると申しましたが、これはまさに韓国人の百であっても百三十を表現したがる傾向と同じです。

このように対外的な見栄えや肩書を重要視するのは何も男性だけではありません。統計的な資料があるわけではありませんが、日韓の女性を比べると、ブランド品で着飾り、持ち歩く比率（人口比）は韓国人の方が多い気がします。韓国の繁華街江南や明洞で歩いている女性と銀座で歩いている女性を比較しますと歴然です。

見栄や見映えを重視することは、整形に対する姿勢からも見受けられます。韓国人はあまり悩まず整形しますし、整形をしたことも比較的隠しません。日本の女性はするかどうか慎重に考え、たとえ整形したとしても隠すでしょう。

この韓国人の見栄っ張りなところは、人間を相手とした歴史的な背景にあるようです。火山、地震、台風と常に自然を相手にしてきた日本人と違い、韓国人は戦争などの人と人とのぶつかりあいを長く経験しており、常に相手（人間）を意識しながら生きていく状況でした。親からはいつも隣の誰某に負けてはいけないと尻を叩かれてきました。

もちろん日本でも同じような親の期待があったと思いますが、産業の裾野が広く、それぞれの分野で成功すればよしとする日本に比べ、中央集権体制の韓国においては、勉強すること、昔なら科挙、今は公務員の上級試験に受かりピラミッドの頂点に近づくことが最善であるという雰囲気とではその圧力が違います。

日本では何百年も続いた蕎麦屋や料理店を誇りに思いますが、韓国にはそのように長く続いた店がないことからも、韓国の雰囲気を垣間見ることができます。

諜報員になれない　韓国人の見栄（二）

南山には何がある?

夜間通行禁止の例はものの本によると、中国唐の首都長安でも、朝鮮王朝の漢陽（今のソウル）にもあったようで、主に治安維持と火災防止のためだったそうです。昔の韓国では北と対峙している関係で済州道を除く全域で夜間通行禁止（十二時－四時）がありました。そんななかソウルで通行禁止にまつわるこんなエピソードがありました。

いつごろだったかは忘れましたが、韓国の国営放送局ＫＢＳ（今は公営放送局）の友人と酒を飲んで遅くなり、十二時を過ぎ慌てた私に、その友人は「気にするな、私に任せておけ」と言いましたが、と言われても不安感が拭えるわけではありません。警察につかまれば留置所で一晩お世話になり罰金を払わされます。

彼は私を連れて店を出ました。普通、こういう場合は見つからないように裏道をこそこそ歩くものですが、彼は大通りを堂々と歩くではありませんか！　それも歩道でなく車道を、大手を振って歩きました。

もちろん見回りの警官の目に留まり、呼び止められました。びくびくする私を横目に彼は警察官に堂々と、「お疲れさま」と慰労するではありませんか。彼の気勢に押された見回りの警官が、「失礼ですがどちらの方で……」と恭順に聞くので彼は南山の方を指しました。そうしたら警察官は、「失礼しました。お役目ご苦労様です」と敬礼して、何の咎めもなく立ち去るではありませんか。我々は大通りを誇らしげに家へ歩いて帰りました。

なぜだかわかりますか？　その答えは、当時ＫＢＳは南山にあり、泣く子も黙る韓国中央情報部も南山にありました。彼はＫＢＳのある方向を指しましたが、警察官は「情報部の人だ」と勘違いし、丁重に扱ったのです。

もちろん友人は身分を詐称していません。ＫＢＳに勤めていたから南山の方を指しただけで、情報部員だとは言っていません。向こうが勝手に間違えただけです。ですが、間違いを誘導したのは彼で確信犯です。いずれにしても彼の度胸と当時の中央情報部の権勢は絶大なものであることを象徴するエピソードでした。

誰よりも優位になりたい

先日韓国外務省の元高官からこんな話を聞きました。

「韓国の情報機関は世界のインテリジェンスに比べれば情報収集能力が落ちる」と。

その心は、「韓国人は見栄っ張りだから自分が力を持っていることを誇示したがり、身分が割れて、本当の諜報活動ができない」とのことです。言われてみて納得！ 情報部員は映画007のジェームスボンドは例外として、見えないところで情報を収集し工作するものですから、身分が割れると具合が悪い職業です。

この見栄っ張りさは、日本人に比べたら表に出し過ぎです。日本人はお金があっても、あまりある振りをせず慎ましい方が多いですが、韓国人は自慢したがる傾向があります。たとえば、経済力に比べブランド物に執着するとか、整形も日本人はしたかしないかわからないようにしますが、韓国は「Ｔｈｉｓ ｉｓ 整形」と、おおっぴらであっけらかんとしています。

韓国人はとかく社会でどう見られているかを、日本人より意識しているようです。とにかく人よりも優位に立ちたいという願望が社会全体に充満している気がします。

結婚式での話 韓国人の見栄（三）

格にこだわる

韓国も二〇一六年から定年年齢が六十歳に延長されますが、定年後の過ごし方は人それぞれです。日本より見栄の社会である韓国は定年後にどんな仕事をすればメンツが保たれるか苦心します。私をはじめ韓国の大手航空会社の役員を定年退職した同僚を見ると、これといった職についていません。私は日本の中堅旅行会社の顧問として再就職しましたが、現役の韓国人の後輩から大手航空会社の役員経験者としてはその旅行社は小さすぎて格があわないと言われ、そんな私を訝りました、多少気の毒そうに。韓国にいる定年退職した同僚はほとんど中堅クラスの旅行社の役員職など見向きもせず、自分にふさわしいオファーがないのでブラブラしています。日本育ちの私が、格にこだわることなく実質的な判断で仕事をしているのも、そういうことを容認する日本の社会的雰囲気のおかげだと思います。恐らく見栄っ張りの韓国でしたら今の選択はできなかったかもしれません。

韓国社会では日本よりも人の目や面子をことのほか重要視し、それが自分自身を縛っているので、窮屈にならざるを得ません。けれども韓国を離れるとその体面から解放されます。不思議なもので、アメリカに移民している高学歴で大手の企業の役員をしていた人でも、韓国では絶対「できない、しない」下積みの仕事をしているのは何を物語っているのでしょうか。社会的な雰囲気とは恐ろしいものです。韓国で気にしていた体面、面子にこだわらなくてもいい雰囲気がアメリカにあるからです。

韓国では列に割り込んだりする人でも、日本に来たらきちんと並び、交通規則を守るのですから恐れ入ります。社会の雰囲気によって行動が変わるのですから昔習った「人間は社会的動物である」という言葉がピッタリきます。

変わる結婚式

話は変わりますが、最近こんないい話がありました。

韓国での結婚式の話です。冠婚葬祭の項でもお話ししましたが、結婚式はある意味自己顕示欲を示す格好のセレモニーです。豪華な式場に社会的著名人を集め、立派に育てた高学歴で一流会社に通う息子と家柄の良い花嫁を披露する。まさしく結婚する当事者よりも親の晴れ舞台である感がします。

しかし、この結婚式の方程式に異変が起きたのですからお伝えする価値があるのです。前に韓国では仲人がなく、結婚式を司るのは主礼だとお話しました。社会的に成功した著名人を主礼に立てるのが慣わしで、こんな立派な人と繋がっているんだと見栄を張るのが通例ですが、何とその結婚式に、名もない現役を引退した私ごときを主礼に任せたのですから驚きです。

この両家の背景を話しますと、新郎の父は韓国の大手新聞社の部長を歴任し、現在某マスコミ専門学校の総長です。相手方の父親は、鉄道関係の高級公務員でした。新郎は、現代の最先端を行くポータルサイトの課長であり、新婦は大手航空会社のスタッフで係長クラスです。

このような経歴でしたら大手新聞社の社長か、新郎の会社の代表もしくは鉄道庁長官、あるいは新婦の会社の社長がふさわしい主礼です。

ですが、なぜ私なのか。

私は新郎の父親の大学の同級生で、新婦が勤めている航空会社の役員でしたが、彼女とは一面識もありませんでした。ソウルの新郎の父親から主礼の依頼が来たときは慌てました。

「なぜ私なの？」

「もし何なら新婦の会社の社長は、私の元部下だから頼んであげるよ！」

「君も知っているように在日出身の私の韓国語は公式の場で話したら怪しくなるよ」

「君の元上司の新聞社の社長は主礼をするのが趣味だというじゃないか！」

と、必死の抵抗を試みましたが結局受けざるを得ませんでした。

「君とは大学から五十年近く付き合ってきたし、私の結婚式の司会もしてくれた縁だから頼む」

「息子たちも知らない著名人に頼むより、気心が知れた形式張らない君が良いといっているよ！」

ここまで言われたら、友達の要請を断るわけにはいきませんでした。

結婚式当日、私は主礼の辞で「今までの韓国の慣行からしたら私ごときが主礼をすることは百%なかったはずです。こちらに列席された方の中には私より、社会的にも学識的にも人間的にも素晴らしい方がたくさんいらっしゃるのに、私がこの席にいるのは、ご両家の両親や新郎新婦が世間への面子よりも家族との縁を選んだからです。皆さんこの両家の飾らない人柄に拍手をお送りください」

式場には五百人を超す祝賀客が来ていました。日本とは形式が違いますので一概に多いとはいえませんが、日本の基準からしたら驚かれるかもしれません。質素にしたかった両家ですが、人との繋がりを大切にする韓国社会にとって、また新郎の父親の社会的地位からして、決して豪華とは言えない最低限の人数と式場だったに違いありません。

日本人と韓国人の結婚　韓国人の見栄（四）

日本人と韓国人の結婚観

結婚式にまつわる話のついでに、七年前にソウルで行われた結婚式についてお話しします。この結婚式には大変思い入れがありました。新婦の父親とは二十年来の友人であり、東京大学法学部を卒業し、国家公務員上級試験に合格したエリートで、当時の運輸省（現国土交通省）の局長経験者でした。彼のお嬢さんが韓国の青年と結婚するので相談に乗ってくれないかと頼まれました。正直狼狽しました。

仕事（航空関係）柄日韓の結婚はそれほど珍しくありませんでした。スタッフの中でも五、六組結婚していましたし、式にも参席しました。大体のパターンが日本の女性と韓国の男性でしたが、乗客が空港で往来している女性スタッフを見染めたケースや、韓国の男性との社内結婚、友達の紹介、留学先での出会いと多様でした。

けれども、友人の場合は日本のエリートのお嬢さんが韓国の一般の青年と結婚するというのですから、私の常識からしたら驚きです。日本でも家柄や釣り合いを重んじると思ったのですが、ましてや外国人、それも韓国人ですからなおさらでした。

「結婚を前提に付き合っているのでどんな青年か会ってほしい」とのことでした。韓国の常識ですと、新婦の家柄からして三大大学を出て、それなりの家柄で、親はある程度の地位がないと釣り合わないと決め付けますが……。

その青年には上記の条件に該当するものが一つもありませんでした。平凡な学歴で父親は早くに亡くなり、母親の手で育てられた一人っ子（韓国は姉妹がいても男の兄弟がいなければこう呼びます）で、仕事も姉婿の経営している旅行会社で働いているのですから、条件としてはいまいちでした。韓国ではお世辞にも花婿候補の上位にランキングされません。

学歴はさておいて、一人息子で夫のいない母親というのは一番敬遠されます。一人息子はその家柄を継ぐ大切な跡取りですから、往々に花や蝶やと甘やかされて育てられただろうし、夫のいない母親は息子に執着して、嫁はいびられると思われています。誰がそんなところにかわいい娘を嫁がせるのか、というのが韓国社会では一般的雰囲気です。

ですが、結婚を前提に付き合っているのですから、こんな韓国の雰囲気を伝えるわけにもいかず、気の重い面接（？）でした。その青年は力強く男らしいイメージではなく、やさしく気持ちの澄んだ印象でしたので、その良さを強調せざるを得ませんでした。幸いにも二人は親元でなくハワイで新居を構えるというので、いびられる機会は少ないといい方向に解釈して一人納得したものです。

友人の大切な娘であるだけではなく、結婚してうまくいかなければ日韓関係が悪化（?）するかもしれない老婆心から、結婚式には彼女がいびられないよう豪華メンバーをそろえ、私がマイクを持って日本から来た来賓と韓国からお呼びした有名な先生らを紹介し、事実以上にこの娘はこれだけの豪華な人々に愛されていることを暗に圧力をかけ、新郎の家族に知らしめることが私にできる精一杯のはなむけでした。

私のこんな取り越し苦労も知らず二人はハワイで双子を産み幸せに暮らしています。私の願いはこの二人だけでなく、日韓間で契りを結んだカップルが末永く幸せに暮らしてくれることです。

韓国の看板

담배꽁초《ダンベコンチョ》 이《イ》 곳에《ゴセ》 버리지《ボリジ》 마세요《マセヨ》（タバコをここに捨てないでください）

조국《チョグク》 땅에《タンエ》 버리는《ポリヌン》 행위입니다《ヘンイイムニダ》（祖国の地に捨てる行為です）

ソウルの城郭を散策していたら、木と木の間に掲げられた「ポイ捨て禁止」の垂れ幕を発見しました。木が生い茂っているところにタバコの吸殻を捨てたら火事になる恐れがあるので当然な警告です。上の句はわかりますが、「祖国の地に捨てる行為」だと大上段に警告しているのが韓国的で、日本では決して見られない警句です。タバコのポイ捨てを禁止するのに祖国まで持ち出すとは……。日本でしたら「ポイ捨て禁止」で済み

日韓看板比較

ますが、「祖国」を持ち出すところがいかにも韓国的です。

韓国では、タバコのポイ捨てが見つかると十万ウォン（約一万二千円）の罰金で、レストラン、食堂なども一切禁煙です。念のために。たまたま例外的に書いたのでは、とお疑いになる方のために他の場所にあった標語も紹介します。

산불조심은《サンブルチョシムン》 후손과의《フソングァエ》 약속입니다《ヤクソクィムニダ》（山火事用心は子孫との約束です）

火事によって緑豊かな森林資源を後世に残せなくなるから注意せよという警句です。韓国では、国家とか祖国など重いテーマでアプローチするほうが効果的なのかもしれません。「何も、国や子孫まで持ち出すこともない」とオーバーな表現に苦笑しながらもユーモラスな面も見て取れます。

日本の感覚では、何もそこまで言うのはやり過ぎだと思われるかもしれませんが、韓民族の国が保たれるかどうかという危

山火事に注意しましょうの看板

機に有史以来脅かされてきた韓国にとっては、「祖国」、「母国」、「民族」、「国土」、「領土」、「統一」、「歴史」、「戦争」、「正当性」、「血筋」、「思想」という概念がＤＮＡに刷り込まれています。

韓国の文学

最近では韓国でも村上春樹作品のような純文学が若者に読まれベストセラーになっていますが、今もなお先ほどの重い概念が反映されていないストーリー展開は小説扱いされません。韓国人は「大河小説」、「大河ドラマ」が大好きです。

ある日本の作家が、日本の小説のテーマは「愛」で韓国は「政治」だと、どこかで書いているのを読んだことがありますが、なるほどとうなずきました。日本の場合は、人間の感情の機微を扱い、個人史的なものが多い反面、韓国では権力闘争や、国や民族の行末などの重いテーマが主流です。韓国ドラマで百話を超えるのがザラだということからも、おわかりいただけるかと思います。十、二十話では祖国、民族というテーマを扱えないばかりか、権力闘争も満足に描けません。個人を扱ったものでも、心理描写よりいかに困難を克服するかのサクセスストーリーに重きが置かれます。小説、ドラマから見ても日本人と韓国人の関心が違うことがおわかりいただけるでしょう。

「鶏が先か卵が先か」はわかりませんが、ドラマや小説の影響か、元々の関心がそうなのか、韓国人は理屈っぽく唾を飛ばし、祖国・民族を熱く語り、議論で負けることを嫌います。日本の皆さんは、どちらかといえば身近な話題を静かにつつましやかに話します。議論してらちがあくなら取り組むけど、手に負えない大きな話題は避けるべきだと考えているように見えます。言い換えるなら、「ディテール」、「心理描写」や「雑学」に強いのが日本で、ムラがあって大きなテーマを論じたがるのが韓国の特徴と言えるでしょうが、最近この概念も変化しつつあるので次の記事を紹介します。

大河小説の大家である趙廷來氏の最近のヒット作品『ジャングル万里』(今日の中国を描いたベストセラー)を紹介する韓国の雑誌『月刊中央』の記事に彼の文学観が伺えます。多少長くなりますが引用します。

「作家 趙廷來《チョ・ジョンレ》は平素作品の〈形式〉より〈内容〉を追及する。〈どのように書くか〉より〈何を書くか〉を悩む作家である。最近〈村上春樹を読みながら作家を目指した若い作家を一喝〉したのも〈何を書くべきか〉を思い悩むリアリストの反応だと言える。

最近韓国の小説が共同体の運命を扱わず小さな自我の探求の沼にはまっているのも彼の

心配の種になっている。

人間はひとりで生きていけなく、互いに関係を結ぶ存在であり、その関係が複雑にからむのが社会であり、その中で展開される問題の物語を形象化するのが彼の作品論である」

何も趙廷來の作品論を擁護するつもりも、村上春樹の作品を劣っていると言うつもりもありません。

韓国の小説も「共同体」という大きいテーマから「自我」という個人史に関心が移りつつあり、それに対して危機感を抱く作家がいるほど、村上春樹の作品が韓国の若者にたくさん読まれている現実があります。

変わる韓国の看板

看板もキツイ

韓国の町を歩くと、そこかしこに標語や警告などが目に留まりますが、その表現がきついというか、大上段に構えたものが多くみられ、日本との違いを感じます。

昔は、「싸우면서《サウミョンソ》 건설하자《コンソルハジャ》」（戦いながら建設しよう）、「자수해서《ジャスヘソ》 광명《グァンミョン》 찾자《チャッチャ》」（自首して光明を取り戻そう）など、北を意識しながら近代化を進めるスローガンがよく見受けられました。

「戦いながら建設しよう」とは、軍事的に対峙している北朝鮮と戦いながら、経済発展を成し遂げようという国としての方向性を。「自首して光明を取り戻そう」とは、北から潜り込んできたスパイに自首を呼びかけた標語です。

七十年代は北朝鮮の軍事的脅威（今も続いていますが）のなか、経済建設に拍車をかけていた時代でしたので、衝撃的で勇ましいものが多くありました。戦前の日本の「欲しがりません勝つまでは」というスローガンを思い起こさせます。

北との戦争への危機感と、早く経済的な自立を成し遂げなければならないという緊迫感が漲っています。

他にも、七十年代はじめの「중단《チョンダン》 없는《オヌヌン》 전진《チョンジン》」（中断なき前進）や「의심나면《ウイシムナミョン》 다시《タシ》 보고《ポゴ》 수상하면《スサンハミョン》 신고하자《シンゴハジャ》」（もしかしてと思ったらもう一度確かめ、怪しかったら申告しよう）といった、建設に邁進しよう、スパイに気を付けようという標語が街のあちこちに掲げられていました。

現代においては、このような直接的で国家的なスローガンはなくなり、成熟した社会になり道徳的生活的なものが多く見られます。先ほどの「ダンベコンチョ　イゴセ　ポリジ　マセヨ」、「チョグク　タンエ　ポリヌン　ヘンイイムニダ」（タバコをここに捨てないでください。祖国の地に捨てる行為です）などがそうです。

居眠り運転の先には何がある？

以前にもお話ししましたが、韓国は今も、国が北の侵略の脅威にさらされているという現実と韓国戦争で国土が焼け野原になったことや日本に国を奪われた歴史から、常に国を意識せざるを得ないトラウマがあるのです。口うるさく自己主張の強い韓国民が、アメリカにも日本にもない、世界でも少なくなった徴兵制度に何の異を唱えずにいるのも、このような現実と歴史的背景があるからです。

日本の交通安全の標語には「シートベルトの着用」、「飲酒運転の戒め」、「交通マナーを守ろう」というものが多いですが、ソウルのトールゲート（有料道路の料金徴収所）にこんな標語があったのでひかえてきました。「겨우《キョウ》 졸음에《チョルメ》 목숨을《モクスムル》 거시겠습니까?《コシゲッスムニカ》」（チョットした眠気に命を懸けますか）、「졸음운전의《チョルムウンジュンネ》 종착지는《チョンチャクチヌン》 이《イ》 세상이《セサンイ》 아닙니다《アニムニダ》」（居眠り運転の終着駅はこの世ではありません）、いかがでしょうか。ドキッとした標語ではありませんか。この標語からもわかるように、韓国は居眠り運転が多く、高速道路にはサービスエリア以外にも眠気を覚ますエリアが別に設けられています。

軍事革命がおこった一九六一年以前の韓国人は、比較的ゆったりしていたようですが、革命以後軍事的にも経済的にも優位に立っていた北朝鮮を追い越し、北からの侵略を防ぎながら経済の自立により国民にひもじい思いをさせないため、早急に経済建設を推し進めていかなければなりませんでした。その国家的命題から、なにごとも「パルリパルリ」と性急に進めていった結果、世界でも稀に見る短期間で経済成長と民主化を成し遂げた国になりました。その余波が最近の一連の事故などの発生につながっています。韓国ももう少しペースを緩め、「あの世が終着駅」にならないよう心する必要があります。現在、高度成長の後遺症からいろいろなひずみが出ておりますが、必ずや克服しより安全で住みよい国作りをするはずです。

標語の話が出たついでに私の心に残っている標語をご紹介します。「순간의《スンガンネ》 선택이《ソンテギ》 10《シム》년을《ニョヌル》 좌우한다《ジャウハンダ》」（瞬間の選択が十年を左右する）、というもので「製品を選び間違えると、十年間苦労する」というメッセージが込められている一九七〇年代の洗濯機のコピーだと記憶しています。

北と戦争状態（停戦中）にいる韓国にとって、常に瞬間の選択が強いられている潜在意識をついたキャッチコピーです。

見た目が大事

貧しい時代（一九六五年－一九七五年）

「韓国有名高同窓生の自画像」で、韓国現代史の流れがよく理解できたと思いますが、私が韓国に行った一九六〇年代中盤のソウルは、今の発展の様子からは想像もできないものでした。まだ地下鉄や高層ビルもなく、ようやく発展の糸口を掴んだ時期でした。電気事情が悪いため全体的に暗く暖房も練炭が主流で、下宿でも練炭漏れから来る二酸化炭素中毒がよくあり、私が尊敬する大学教授がそのためにお亡くなりになったのはショックでした。

大学教授という社会から尊敬されていた人が練炭で暖を取っていたこと自体が、当時の貧しさを物語っていました。国民一人当たりの所得が百ドルにも満たず、アフリカ諸国やフィリピンにも及ばない最貧国でした。

当時の街には飴やとうもろこしを膨らました食べ物と瓶や古新聞を交換する廃品回収業者が、飴を切るはさみを鳴らしながら街を歩き回っていました。

少したってからは髪の毛を回収する人も現れ、ビックリさせられました。当時はカツラが主だった輸出品で人毛を集めていたのです。

昨年、中国のある地方でも髪の毛を買いあさっている番組を見て懐かしさを感じました。

見た目で得をする

当時は地下鉄がありませんでしたので、主な交通機関はバスでした。神風精神で無秩序な運転は外国人だけでなく現地の人も一苦労で、私も慣れるまで一年以上掛かりました。

乗客をぎゅうぎゅう詰めにして、車掌がバスの車体をたたくのが発車オーライの合図で、車掌の若い娘さんが無賃乗車のお客と渡り合うさまは戦争さながらで、何と強い女性なのかと驚かされました。

今となっては懐かしいものです。バスの運転手も歩合制なのかわかりませんが、できるだけたくさんの人を詰め込もうと、わざとハンドルを大きく切ることによりお客を密着させ空間を作っていました。最初は何て粗い運転かと腹が立ちましたが、その意図がわかるにつれ生活のたくましさを感じました。

バスといえばこんなこともありました。学校の帰りのバスの中で乗客の一人がスリにあったと叫び、バスは一時停車し、連絡を受けた警察が来るまで缶詰にされました。私は一瞬不安になりました。

といっても、私がスリをした訳ではありませんが、私のポケットにはマイルドセブンが入っていたからです。読者の皆さんは「それが何か？」と思われるかもしれませんが、当時は国産のタバコの売り上げを伸ばすため、貴重な外貨を節約（タバコの購入による）する目的で外国のタバコの喫煙を禁じており、見つかれば罰金を取られました。もちろん韓国人に限りますが、私が日本から来たとしても韓国人には間違いありませんので。

やがて警察が来て一人ひとり取り調べられる羽目になり、私の心臓はバクバクでした。「学生の分際で洋もく（外国タバコ）を吸うとはなにごとか！」、と一喝され罰金まで取られるのですから……。

警察官は約六、七十人の人全員を調べるのは物理的に無理だと思ったのか、身なりや人相で怪しそうな人とそうでない人を選別しはじめました。私の番になり、警察官は私の顔と胸の大学のバッチを見て怪しくないほうの列に行けと顎で指示しました。

その瞬間どんなにホッとしたことか！　ソウル大学のバッチの威力に助けられました。韓国人は「外見で値踏みする」という先輩の言葉が思い浮かびました。

韓国にこんな話があります。きちっとした身なりでネクタイを締めてホテルのパーティー会場にいけば、昼食や夕飯がただになります。日本のようにいちいちチェックしないので、何の咎めもなく会場に潜り込み、堂々と食事をすることができるからです。

日本製品が輝いていた時代

トイレットペーパーは貴重品

確か一九六六七年ごろだったと思います。あるお金持ちの家に招待されて目を見張りました。自動車のピストンを製造している会社の社長宅で、門構えも立派で庭には池もあり木が生い茂っていて日本でも入ったことのないような豪邸でした。そこの跡取りは当時韓国に三台しかないスポーツカーを所有していたほどでした。

ビックリしたのは、そのたたずまいではなく出された果物でした。お手伝いさんが持ってきたお皿にはバナナとみかん、それにスイカが載っていましたが、その出され方が日本と違っていたので驚いたのです。

バナナはきれいに皮がむかれ、一本そのままではなく、三、四切れにしてあり、みかんも一つひとつきれいに筋も取り除かれていました。一つのみかんをむいて一粒一粒きれいに並べるためにはどのぐらいの手間がかかったのでしょうか。当時の韓国では、バナナやみかんは大変貴重な果物だったのです。ちなみにスイカには塩ではなく砂糖がかけてありました。当時のスイカはまだ甘みが足りなかったのです。

つい先日ソウルに行き、スイカを食べましたが、何とおいしいことか⁉　もちろん砂糖はふってありませんでした。

果物事情がそうであることはわかりましたが、応接間にトイレットペーパーが置いてあるのにも驚かされました。ただ無造作に置いてあるのではなく、きれいな刺繍を施した丸い布に包まれていました。トイレにおいてあるように真ん中を軸にして回しながら使うのではなく、真ん中の芯を取り、内側から使うようになっていたのです。紙の事情が良くなかった時代でしたから、トイレなどにもトイレットペーパーではなく新聞紙が切りそろえてありました（これは一般の家庭でのことです）。ふき方によってはいつの新聞を使ったのかお尻に残ってたりして……。

今でも地方のトイレに行くと、さすがに新聞紙は置いていませんが、その名残からかトイレットペーパーを捨てる箱が置いてあります。ソウルでもトイレにトイレットペーパーを入れる箱が置いてあり驚く日本の方も多いと思いますが、紙詰まりのなごりで置いてあります。昔はトイレが汚く、行くのが億劫でしたが、一九八八年のソウルオリンピックを境に公衆トイレがきれいになりました。公衆トイレの美化運動の一環でコンテストを行ったおかげで、高速道路のトイレも見違えるようにきれいになりました。

お土産の合図

日本との往来がままならない時期でしたので、学生時代夏休みや冬休みに日本に帰るころになると下宿のおかずが急に良くなります。卵焼きや鯖の煮込みが出てきたりします。最初は下宿の主人の誕生日なのかと思ったりしましたが、それが日本から戻るときにお土産を買ってこいとの合図でした。

もちろんお金はもらいましたが、象印の炊飯器や魔法瓶、マクスウェルのインスタントコーヒー、女主人から頼まれたプリーツスカートや資生堂の化粧品など枚挙に暇がありません。買って帰るのは問題ありませんが、税関を通るのが苦痛でした。当時は今よりも税関が厳しく場合によってはカバンのすみずみまで調べられました。

学生が何でこんなに荷物が多く女物まで……、検査員の冷たい視線に耐えられず日本に帰ることが苦痛でしかたありませんでした。久しぶりに会う両親や友達、思う存分羽を伸ばせるはずの休みなのに、密輸業者のようにどうしたら税関を通れるかを考えるばかりで気が滅入りました。

休みで日本に帰ったら帰ったで、韓国からのお客さんのお供で必ず秋葉原に行き買い物を手伝わされました。ソニーのテレビやウォークマンなどの電気製品、資生堂の化粧品は羨望の的でした。

それが今はどうですか。秋葉原には韓国人はほとんど見られません。テレビや冷蔵庫はＳＡＭＳＵＮＧかＬＧの製品が家電量販店に溢れ、まさかとは思いましたが、ＢＢクリームなどの韓国製化粧品が日本の女性に人気だとは!!!

憧れの日本製品に引けを取らなくなった韓国製品の躍進に、少なからず韓国人は自信を持ちました。

それだけでなく、キムチをはじめ辛ラーメン、チャミスル（韓国のメーカー真露の焼酎）、マッコリ、チヂミなどの食品がたやすく買えるようになったのは、この時代からしたら夢のような話です。

韓国の日本文化

浸透する日本文化

韓国で意外な日本の有名人がいます。音楽にはあまり詳しくはありませんが、J-POPだとSMAPや嵐が有名で、文学では村上春樹がよく読まれています。

一昔前ですと、川端康成の『雪国』、五味川純平の『人間の条件』、山崎豊子の『不毛地帯』、山岡荘八の『徳川家康』等が読まれていました。このほかにHOW TOものなどは日本でヒットしたら間髪をいれずに翻訳され、専門知識を日本の本を通じて吸収したものです。

正式には、日本の書籍（専門書を除いて）は輸入されていませんでしたが、明洞《ミョンドン》あたりでは月遅れの『文芸春秋』や『nonno』『anan』が店頭に並んでおり、これらの雑誌を通して新しいファッションや情報を取り入れていたようです。歌謡曲では、いしだあゆみの「ブルー・ライト・ヨコハマ」や美空ひばりの歌が流行りましたし、中には日本の歌だと知らずに口ずさんでいた曲もあります。

映画やテレビドラマでも日本の影響は大きかったと思います。韓国でヒットした「맨발의《メンバレ》

청춘《チョンチュン》」（はだしの青春）は、吉永小百合、浜田光男が主演の「泥だらけの純情」を借用したと聞いています。当時のテレビ番組も日本の影響を受けています。今も続いている歌番組「全国ノレチャラン」（歌自慢）などはＮＨＫののど自慢番組を参考にしたと伝えられています。テレビ番組の再編時期には日本のテレビが映る釜山に行って、番組を見ながら、いろいろアイデアを練ったそうです。

このように、六、七十年代には大衆芸能分野で潜在的ですが、日本の影響が大でしたので、日本のエログロものを割り引いたとしても、正式に日本文化が韓国に入ってくることに脅威がありました。

また、日本の統治時代に韓国の固有文化が低俗（？）な日本文化に侵食されたと思っている人がたくさんいました。ですから、二〇〇二年に金大中大統領の日本文化開放（制限的ではありましたが）は大きな決断でした。

結果、以後の韓流ブームを見ても日本文化脅威論は取り越し苦労でした。

日本に比べ、自分たちの大衆芸能が遅れていると信じていた韓国人にとって日本のファンたちが、ヨン様をはじめとした韓流スターを日本の空港で熱烈に歓迎しているのを見て腰を抜かしたのではないでしょうか。

それほど信じがたい光景でした、はじめは……。

意外な有名人

話がだいぶそれてしまいましたが、韓国での意外な有名人とは、あの「ＩＫＫＯ」さんです。わざわざ「ＩＫＫＯさん」、とさんづけしたのは彼女のおかげで韓国の化粧品が爆発的に売れたからで、特にＢＢクリームは大流行でした。

一般の製品と違って、顔、女性にとって大切な美容に関する製品ですので、さすがに化粧品が日本で流行するのは無理かもしれないと思ったからです。普通の携帯や電気製品でしたら買い替えればすみますが、化粧品は皮膚や体に影響しますので慎重にならざるを得ません。

彼女（？）がテレビをはじめマスコミで紹介してくれたおかげで、韓国のＢＢクリームが飛ぶように売れました。

ＢＢクリームが何だかわからなかった私にも知人から買ってくるように頼まれ、喜んで買ってきました。その昔、日本からいろんなものを韓国に一方的に運んでいったことを考えると「ＩＫＫＯ」と呼び捨てにするとバチが当たります。

女装麗人

男性社会

前項で「ＩＫＫＯ」さんのお話に触れましたが、彼女のその働きが認められ、韓国観光名誉広報大使に選ばれました。正直申しますと、韓国人の情緒からいえば「女装麗人」はテレビなど公の場所に堂々と登場できませんでした。儒教の影響の強い韓国では、男は「男たるもの強く堂々とすべし」（大丈夫）というイメージですので、男が「女々しく女装するとはなにごとか！」と一喝されます。こんな雰囲気ですから、ＩＫＫＯ様（!?）を公の親善大使にすることはありえないことで、裏を返せばそれだけ貢献したことを証明しています。

最近になり儒教の影響が弱まったせいもありますが、イ・ジュンギ主演の同性愛を描いた映画『王の男』が大ヒットしました。その後も同様の映画が製作されていますが、まだマイナーです。

韓国人からすると、日本のテレビで「女装麗人」が大挙（韓国人の目には）して闊歩する様は異常にしか思えません。

儒教的価値観からすれば、乱雑で無秩序極まりなく映り、日本を非難するときに活用（？）されます。

韓国では「大丈夫」という言葉が、肯定的で信頼を寄せる言葉となっています。別の項でも触れましたが、日本の「大丈夫」という意味ではなく、男の中の男を意味する言葉でこう言われることは最大の賛辞です。なのに「男が化粧し女装している」ことはありえないことです。にもかかわらず「ＩＫＫＯ」様は特別です。恩人だから、マスコミも彼女（？）に好意的です。

八十年代に韓国からゲイバーなどで働く者が日本に進出してクラブで働く姿は、在日だけでなく韓国でも恥とされました。特に在日の団体から韓国政府に彼らが日本に来ないように陳情したとの話がありますが定かではありません。

韓国でもゲイバーはあります。有名なのは梨泰院《イテウォン》です。たくさんの店が集まっており日本の人もよく行くそうです。特に女性に人気で、女王様の気分が味わえるからだそうです。

こんな社会的雰囲気ですから、彼ら（彼女ら）は日本に比べ肩身の狭い思いをしているでしょう。

軍隊でのいじめ

それだけではありません。彼（彼女）らには日本にはない軍隊の問題があります。一番つらいのが、当時、月に一回あった予備軍の召集だそうです。韓国ではご存知の通り北と戦時体制下ですので、いざというときのために一般男性（兵役を終えた人や予備役の人たち）を年に数回、近くの訓練場や広場に集め訓練をします。

想像をしてみてください。たとえばマッコデラックスやミッツが化粧を落として軍服に身をまとい整列している姿を。トレードマークの長い髪を切るわけに行きませんから、軍帽子に無理やりに押し込んで整列するのは何とかなるとしても、膨らました胸を引っ込めるのは並大抵のことではないはずです。訓錬を施す現役の将校は彼らが誰であるかわかっていますので、指揮棒でその胸をつっつき「これは何だ」とからかうそうです。時代が変わった今でもこの悲哀（？）は続いているそうです。自分は女だと信じているのに予備軍の招集は戸籍上の男に戻る瞬間だと聞いたことがあります。

韓国の暗い影

強烈なリーダーシップ

「韓国有名校同窓生の自画像」で語られたように、韓国は最貧国から三十年の間に世界でも例のないほどの速度で先進国に駆け登りました。「パルリパルリ」（早く早く）の精神で飢えを脱出し、世界に肩を並べるまでに成長しました。

一九六一年に朴槿恵大統領の父である朴正熙将軍がクーデターを起こし、経済建設を推し進めた結果であり、その功績は誰も否定しません。恐らくその七光りがなかったなら、朴槿恵大統領は誕生しなかったかもしれません。朴正熙大統領の強力なリーダーシップなしでは今日の韓国はありませんでした。日本との戦争賠償金（経済援助）を私的に流用することなく経済建設につぎ込んだ清廉潔癖さは、同じ賠償金をホテルなどの建設や消費財、個人的に流用した東南アジアのある国とは違います。

高速道路や製鉄所の建設など、莫大な資金がかかると猛烈に反対されても朴大統領は「내《ネ》 무덤에《ムドメ》 침을《チムル》 뱉어라《ペトラ》」（私の墓に唾をかけろ）、といってその主張を曲げませんでした。

私が間違っていたら、私が死んだ後墓に唾をかけるなりなんなりしても構わない。私のしたことは今でなく後世の歴史家が評価するとして反対を受け入れませんでした。

政治家は目先の国民生活に予算をつけ人気を取るのが常ですが、彼は長期的な観点から国家の未来を憂い嫌われても信念を貫きました。

しかし、「光」があれば「影」があるもので、性急な圧縮成長はいろいろな副作用がありました。その中でも権力の乱用による弾圧は反感を招きました。効率や集中力を追うあまり独裁政治を推し進めたため、冤罪で尊い命を落とした人もたくさんいました。

最近見たドラマで、七十年代に権力からにらまれた地方の資産家が北のスパイとしてでっち上げられ殺される場面がありましたが、その時代であれば当然ありえた話として抵抗なく受け入れました。

突然連行される

私もある日、突然令状もなく軍の情報機関保安司令部のある機関に連れて行かれました。豊かな日本生活を放棄し、韓国に永住する人間は間違いなく北朝鮮が送り込んだ固定スパイ（その地に住み着いて情報を収集するスパイ）に違いないという思い込みで、引っ張られました。

理由がいっさいわからず分厚いドアの部屋に放り込まれたときの恐怖感は、言葉に表せないものでした。何か悪いことをして放り込まれたのなら、そのことについての弁明を考えるなど少しは気が楽になるのですが、なぜここに連れて来られたのかさっぱりわからない、ここにいることを誰にも伝えられない、殺されてもわからないという不安感と孤独感……。

取り調べで、私が北朝鮮のスパイではないかという容疑であることを知りホッとしました。スパイとしてでっち上げられるかもしれないのに、何が「ホッと」したのかというかもしれませんが、理由もなく一人で閉じ込められ、あれこれ思い巡らせる不安感よりは取っ掛かりができた方がどんなに気持ちが楽か……。

拷問室に連れて行かれ拷問されそうになったとき、殴られて身体に障害を受けては大変だと必死に日本での差別と疎外感、祖国での半分日本人だという蔑みの中で懸命に生きてきたこと、書類上の韓国人でなく、心から確信できる韓国人になるためもがいている現状を必死で訴えました。

そうしたら担当官は心動かされたのか何もせず私を解放してくれました。

三泊四日の後、「ここでの話は誰にも話さずこの誓いを破ったらいかなる罰でも受ける」という誓約書を書いて釈放されました。「ここから出られるなら何でも書きます」という心境でした。

表札のない大きな門から出たら、そこには日常と何にも変わらない喧騒な情景が飛び込んできました。

門一つ隔てて「天国」と「地獄」という言葉が脳裏をかすめました。

「天に昇る気持ちで」

「何と軽やかな足取りなのか」

「解放感とはこのことを言う」

どんなに言葉を並べてもその心境は言いつくせません。

しかしこのときの晴れた気持ちは一日として続きませんでした。タバン（喫茶店）に入り久しぶりのコーヒーを堪能しようとして愕然としました。開放の喜びもつかの間、タバンに座っている私を情報部員が監視しているという強迫観念に囚われました。公の場に行くと常に監視されている疑念が払拭されるまで一年かかりました。

昔は泣く子も黙る情報部でしたが、今ではマスコミや市民団体が強い発言権を持ち監視しているため人権蹂躙は陰をひそめました。

徴兵制の国

徴兵制の国

集団的自衛権で日本でも軍隊のことが話題になっています。今後徴兵云々の話まで飛躍するとは思いませんが、韓国人にとって男子の兵役は生まれながらの当然の義務として受け入れられています。我々の頃は三年でしたが、今は二年（陸軍）に短縮されています。それでも負担になるのは間違いありません。

特にスポーツ選手や芸能人にとっては重要な時期だけになおさらです。二十二、三歳の一番ハツラツとしている時期の二年と前後の予備期間のロスは致命的です。いくら軍隊で体を動かしているといっても、プロの世界のそれとは比べものになりません。軍当局でもスポーツ選手のことを考慮してスポーツチームなどを編成していますが、それだけでは不十分です。

せっかくの逸材を軍隊で腐らせるよりは外国に出て国威を高揚させるべきだとの世論により、オリンピックやワールドカップなどの世界規模の大会で優勝するか、メダルを取れば兵役が免除されるようになっています。

ロンドンオリンピックのサッカーでの韓国と日本の三位決定戦では、銅メダルを取れば兵役免除になるのですから、日本の選手に比べればモチベーションが高かったに違いありません。また、人気の移り変わりが激しい芸能界でも二年のブランクは大きいもので、本人が一番不安に違いありません。

最近は日本のファンのおかげで入隊する芸能人の模様が報道されるようになりました。兵役を二年全うし除隊すると、国民の義務を果たしたと褒め称えられています。人間としての信頼感が生まれイメージアップにつながります。

付け加えておきますと、芸能界にはスポーツのような免除の規定がありません。恐らくスポーツのような明確な基準がないからでしょう。

軍隊生活

私が軍隊に行ったのは三十年以上前です。まず訓練所に入りますと、社会との断絶を促すため、バリカンで頭を丸坊主にされます。なるほど坊主になるとみんな同じになり、間が抜けた顔になっていました。それに軍服を着せられるので、さっきまでの個性豊かな社会人の姿はどこにも見当たりません。我々を訓練する上官は我々よりも年下ですが、丸坊主の没個性の新兵姿でなければやりにくかったに違いありません。

訓練所での第一の難関は食事でした。古いお米とあわで炊いたご飯は臭い匂いがして食べられたものではありませんでした。

おかずもキムチと魚ぐらいだった入所初日は大半が食べ残しました。ところが、翌日の朝早くから夜までびっしり詰まった訓練はおなかをすかしては持ちこたえられないほどでしたので、その夜の食事からは臭いの何のと文句を言う人は一人もおらず誰か残した者はいないかキョロキョロするほどで、一日でこんなに人間が変わるのかと驚きました。

ご飯にスープは付き物ですが、そのスープといったら菜っ葉に塩を振った味気ないものでした。夜食堂からインスタントラーメンのスープの素を盗んできてお汁に少しかけただけで味がガラッと変わったように感じるものですから不思議ですね。社会にいたときは見向きもしなかった粉末スープの素がこんなに貴重だとは……。

週末にインスタントラーメンが特別メニューとして出るのが待ち遠しいほどでしたので、現実の社会では考えられないことでした。

我々の時代はそうでしたが、今の若者は豊かになったせいか、いかに兵士に食べさせるかが大隊長の悩みだそうです。

今の若者はキムチを食べたがらず、ハンバークなど洋食を好むようです。昔はそのような料理がなくて食べられなかったのに、今はいかに食べてもらうかが軍の悩みだそうです。時代が変わったことを実感させられました。

訓練所に入ると、上はヘルメット、帽子から、下は靴まで支給されます。もちろん銃も。この一式が夜の点呼のときに揃ってないと罰を受けるので、みんなは必死に管理しますが、確かに四百人近い人が共同生活するのですからよくなくなります。そのうち一番なくなるのが帽子です。夜、点呼のときは一つでも備品がなくなっていたらその当事者はもとより小隊全員で連帯責任を取らされますので、必死に点呼までに揃えておかなければなりません。

ではなくしたときはどうするか。

トイレで解決します。

軍隊のトイレは内から鍵をかけられなくしてあります。つまり鍵がありません。訓練がつらくトイレに逃げ込んだり、自殺することを防ぐためです。どうするかというと、帽子をなくした二等兵は用を足している兵士がしゃがんでいるうちにドアを開け頭の帽子を素早くひったくり逃げるのです。ズボンを下ろししゃがんでいるので追っかけて来ようがありません。常にこの手が成功するとは限りません。なぜならトイレでしゃがんでいると帽子を盗まれるので、外から開けられないように取っ手をつかんで用を足します。盗もうとした兵士は簡単に開かないので強く引っ張ると、内で取っ手を握りしゃがんでいた二等兵はしゃがんだまま外に放り出されます。その恰好を想像してみてください……。

恐怖は不可能を可能にする

上官の命令は絶対

昨今自衛隊でも韓国軍でも不祥事がマスコミを賑わしています。

部隊内の人間関係、もしくはパワハラが原因だと思われます。軍隊は非常時に行動を強いられますので上位下達は絶対であり、生命にかかわる問題だけに命令は守られなくてはなりません。

しかし、それが上官の個人的感情であったり、その命令が明らかに過ちである場合は不祥事の元になります。

最近、日本も韓国も豊かになったせいで若者の忍耐力がなくなったことや権威だけで抑圧することを嫌う社会的雰囲気もこのような不祥事が明るみに出るようになった理由ではないでしょうか（もちろんSNSやネットの普及も大きな理由の一つです）。

私たちの時代は、軍隊は不条理な部分があると割り切って、いかにそのあおりを食わないように行動するかに気を配ってきました。

自分よりも年が若く社会経験が浅くても、先に軍隊に入れば上官として命令する立場ですので彼らを受け入れなければなりません。軍隊という特殊な組織において、社会的尺度で判断し行動すれば必ず角が立ちます。

昔の日本の兵隊映画を見ると、「要領を本分とすべし」という標語をよく目にします。いかに要領よく立ち回り軍隊の不条理な部分を回避し、兵役の義務を全うするかを教えてくれる標語だと受け止めました。

夜中に予告なしの招集がかかる訓練があります。「完全武装して練兵所に集まれ」と号令がかかり、「先着五十名」から外れると練兵所を走らされますので必死でした。

次は、パンツ一丁で集まれと命令されます。この繰り返しを何回かすると要領が働きます。どうせ夜ですので完全武装しても下着や靴下をはいてるかどうかわかりません。完全武装の後はパンツ一丁で集まるわけですから、いちいち丹念にはいたり脱いだりしたら遅れますので、上の軍服をひっかけるだけで下着を着なければ楽勝だということがわかり、要領良く立ち回るのですが、なかには教えてあげてもきちんと下着から靴下まで丁寧に着、遅れては罰としてパンツ一枚で泣く泣くグランドを走る人間が必ずいました。

パニック！

こんなこともありました。人間緊張すると普通の行動が取れないものだということを知りました。

行進しているとき、教官から怒鳴られると右足と右手が一緒に出る人がいました。普通足と手は交互に出るものですが、緊張のあまりそうなってしまったんですね。皆さんも試してみてください。

私ごとですが、行進のとき「回れ右」「回れ左」と瞬時に言われると、日本で育って後から韓国語を覚えた手前、体が反応せず、常に半テンポ遅れて動くので怒られました。背が小さくいつも後ろの方で行進していますので、自分一人違う方向に向かってしまったので怒鳴られました。みんなが右に行進しているのに自分だけ真っ直ぐ行進したり、反対方向に行っているのですから目立つわけです。それは私が決して運動神経が悪いわけではありません。決して。

私の韓国語能力がネイティブな人と違い、とっさに反応出来ず、号令されるとその命令が脳に行き、それから体に伝達されて行動を起こすわけですから、どうしても半テンポ遅れます。そこで私は「要領を本文とすべし」を思い起こし、それ以降私は列の後ろでなく中間に入り込み、「脳」で反応せずに大勢に身を任せ流れのまま行進したおかげで殴られることもなくなりました。

こんな話もあります。

一から六十まで号令をかけると何秒かかると思いますか。普通五十秒、早くて四十秒?、いえいえそれでは収まりません。

当時一小隊は六十人でした。十時に点呼を受けます。まず全員揃っているか。次に持ち物を整理整頓しているか。鉄砲の手入れをキチンとしているか等を点呼するわけですが、三十人ずつ通路をはさんで向かい合い整列して点呼を待ちます。最初は左から力強く番号を発します。声が小さかったり噛んだりすると指揮棒が猛威をふるいます。五十秒でも四十秒でも満足しません。

では何秒だったら?

十秒です。そんな馬鹿なとおっしゃるかもしれませんが、それで収まらなかったら殴られ叩かれるのですよ。

パンツ一丁で立っていますから、そのしごきは肌に食い込みます。

ではどうしたら六十秒を十秒で連呼できるのか。最初の一の半分が出かかったときにはすでに二、三、四、五、六が出なければ不可能です。

もう一度言います。そんな馬鹿な、とおっしゃるかもしれませんが、「恐怖」は不可能を可能にします。

前衛恐怖

恐怖がやってくる

「恐怖」が不可能を可能にします。

当時は六十人が一小隊で、六小隊が集まり中隊を構成します。私の小隊の部屋は練兵所の三階にあり、一番後に点呼を受けます。

パンツ一丁で順番が来るまで立って待ちます。内務班はドアがないので下で行われる点呼の様子がつつぬけです。さらに通路がコンクリートですのでよく響きます。恐怖が響いてくるようです。いくらよく整理整頓し、鉄砲の手入れがよくできていても、上官が今日は気合を入れる日と決めていれば、いろんな難癖をつけて小隊を恐怖のるつぼにしてしまいます。

「このヘルメットの手入れはなってない」

「何で下着が汚いのか」

といちゃもんをつけ、指揮棒で、整頓されたヘルメットをコンクリートに叩きつけます。その音が新兵の悲鳴と相まって上で点呼を待っている兵士に恐怖感を掻き立てます。

実際点呼を受けてみると下で行われている音や悲鳴からくる恐怖感に比べればさほどではなく、日本の「案ずるより産むが易し」ということわざ通りです。人は小さなことを想像で膨らましていき恐怖を拡大再生産することがよくわかりました。

私はこれを「前衛恐怖」と名付けました。

このように軍隊は一糸乱れぬ行動を元に統率しなければならないので、人間の持つ「恐怖」を利用して強い組織にしていくのだと知りました。

けれども、古参班長や下士官らは時として個人的な感情から新兵をいじめたりしごくので、恨みをかったりします。

訓練が終わり各部隊に配属される前に、市内の食堂に訓練所の教官を呼んで私費で慰労会を設けますが、酔ったふりをして意地の悪かった教官を吊し上げたりして訓練所での仕返しをしたもんでした。

守るものがあるが故に

さて軍隊のことを長々とお話しましたが、国を守るため兵役につかなければならないと思いつつ、できることなら行きたくないのが本音です。不正に診断書を提出するなど、あの手この手を使って軍隊に行かない輩もいます。

しかし大統領や大臣など公職に就きたい人は、この兵役の問題がネックになることがよくあります。

ある高名な与党の大統領候補はその能力にもかかわらず息子の兵役逃れ疑惑で落選しました。また兵役に行かず大臣になれなかった人はたくさんいます。

北朝鮮といまだに戦時状況下にある韓国では兵役を廃止しようという議論は皆無です。韓国の男性であれば誰もが行かざるを得ない軍隊について知らないと、韓国人と本当の友達にはなれません。

なぜなら韓国人は、酒の席に集まると各自の軍隊経験をまくし立てるからです。私も韓国人になろうと（書類上の国籍でなく）努力しましたが、日本育ちで軍隊について教育を受けてないので話の輪に入ることができず疎外感を覚えていました。

旅団や軍団の規模、歩兵と砲兵の意味もわからず恥をかいたこともありました。人間つらかった体験は忘れないもので、その体験を話したがるのが人情です。ですからこの軍隊の話題から入るのが韓国人と親しくなる近道です。

そして韓国人が上からの命令を迅速に行うのも軍隊での経験であり、不可能でも可能にする根性も軍隊体験から来たものです。韓国戦争を経て六十年、ここまで発展したのも一糸乱れぬ統率された軍隊経験が下支えになったからです。韓国の男性タレントがシャキッとしているのも軍隊でしごかれたからです。

日本の男性が韓国のように軍隊経験をしていたら草食動物化していなかったかもしれません。といっても、軍隊を礼賛するつもりは毛頭ありません。不条理な命令でも反対できず、良心を曲げてまで命令に従わざるを得ないことや暴力が支配する雰囲気を肯定するつもりはありませんが、国であれ家族であれ「守る」という気持ちが軍隊で育まれたのもまた事実です。

昨今のかけがえのない隣人

嫌韓はいつまで?

昨今の両国のマスコミの報道は品位のかけらもないひどいものです。週刊誌をはじめ右よりの新聞や夕刊紙の見出しは知性が感じられないものばかりです。昨今のベストセラーに「嫌韓もの」が並んでいるのを外国人に何と説明するのでしょうか。

何も日本のマスコミばかりでなく、韓国のマスコミも似たり寄ったりです。

新しい世紀に入っての日韓交流は何だったのでしょう。特に日本における韓流ブームは何だったのでしょうか。ＮＨＫの紅白歌合戦に韓国の歌手やアイドルグループが常連のように出演し、コンサートは超満員になり、テレビでは地上波、ＢＳを含め二十本（週）近いドラマが放映されていたのが嘘のようです。

韓国のタレントが来日すれば成田空港や羽田空港はそのファンで埋め尽くされ、ソウルの明洞は日本人でごった返していました。

なのに、なぜこんなに急に潮が引いたように静かになってしまったのでしょうか。ブームが去ったから？　急に韓国人が嫌いになったから？　今までの熱い思いは？

経済面でも先を争って「サムスン」に倣えと雑誌で特集が組まれたり、本が出版されたのは遠い昔のことでしたか。海外での「サムスン」「LG」「現代」の躍進を肯定的に報じたのはつい三、四年前です。今や「サムスン」が危ない、韓国の経済がガタガタ、とネガティブに騒ぎ立てます。

決して「サムスン」が、韓国経済が悪くないと言っているのではないのです。三、四年前に韓国の未来や韓国経済が肯定的に報じられたときでも、正直面映い思いでした。近くない将来ぼろが出るのではないかとヒヤヒヤしていました。韓国の経済は日本の経済に比べて底が浅く、世界経済の影響をもろに受ける体質だからです。

では、なぜ今日のように両国がいがみ合い嫌っているのでしょうか。

それは両国を取り巻く環境の変化とそれぞれの感情と立場が絡んでいるからです。

日本の援助を糧にして

これはあくまでも私の推測ですが、まず日本の立場からお話しします。

一九六五年の日韓国交正常化以後、韓国の経済成長は日本の支援によるところ大でした。

賠償金や経済援助による製鉄工場、高速道路などの建設により韓国は急速に成長しました。

援助を受け権力者の利便を図るためにホテルなどの消費財に投資した東南アジアの国に比べれば、日本の支援が成功した例に挙げられます。日本もその成長に力を貸したかいがあり、戦前の贖罪意識も手伝って応援したはずです。韓国が成長すれば日本の経済も潤おう構造で友好的でした。けれども韓国の企業が成長し、日本の自尊心であったソニーやパナソニックを追い越しはじめると事情が一変します。

経済的にかわいい弟分だった韓国が兄貴を追い越しはじめたので心穏やかではなかったはずです。成長した弟分がお世話し、成長を助けた兄貴に感謝するどころか、自分ひとりで成長したかの如く振舞う態度に気分が良かろうはずはありません。ましてや日本は失われた十年とも二十年ともいわれる不況で自信をなくしかけていただけに韓国の増長振りは許しがたく思われたはずです。

このような状況に輪をかけて韓流ブームでお茶の間を韓国人タレントが席巻し女性が熱を上げているのですからおもしろいわけがありません。三、四年前だと思いますが、東方神起やＳＨＩＮｅｅ《シャイニー》、ＢｏＡなどが所属している韓国の大手プロダクションのコンサート（東京ドーム）に行きましたが、五万人を超える観衆のほとんどが女性でした。入場料も一万三、四千円だと記憶していますが、こんな高い金を払って連日満員ですから右翼でなくとも腹が立つと思います。

振り回される歴史

一方、韓国の立場から日韓関係を紐解くと、韓国は古代から文化を伝えたと自負している弟分の日本に近代化の面で遅れをとり、三千年の歴史以来外国に直接統治されたことのない韓国がよりによって弟分の日本の植民地になったのですから、その屈辱感は大変なものでした。

独立後、この屈辱感を克服して日本に追いつき追い越そうとした矢先に韓半島は分断され、挙句に同族が殺しあう韓国戦争が勃発し、全土が焼け野原になりました。世界最貧国と言われてもよいぐらいの経済状態であった韓国を、一九六一年の軍事革命で政権を取った朴正煕大統領が強力に経済立て直しを図りました。

朴大統領の経済建設は民族の栄光を取り戻すという強い意志と、日本との国交正常化による追い風によって世界有数の経済国になりました。けれども、常に先を行く日本に対する屈辱感は拭われませんでしたが、二十一世紀に前後して、あのソニーやパナソニックを追い越しアメリカでトヨタを射程圏内に捉え、あれほど日本の大衆文化に韓国民が熱狂すると恐れていたのに、むしろ日本の大衆が韓国の歌やドラマ、テレビドラマにはまる様を見て、もう日本は恐るべき敵ではないと錯覚したのでした。

個人的には親しく理解しあい信頼する間柄にもかかわらず、こと国家間になると歴史が培った蔑視や屈折したコンプレックスに左右され、口汚く罵り合います。あたかも兄弟が仲たがいするとすさまじくいがみ合うように。

小さなことには目をつぶれ

それにも関わらずいがみ合うのは、お互いのその屈折した偏見を取り除く努力をしてこなかったからではないでしょうか。友好、親善と五十年間唱えてきましたが、これからはスローガンや掛け声でなく、お互いの本質を知る努力を積み上げる段階に来たのではないでしょうか。また、私はこのいがみ合いをネガティブには捉えていません。台風にたとえるなら、「台風は家屋を壊し、川を氾濫させ人々に被害をもたらします」が、川の底辺を床さらいし、問題を浮き彫りにしきれいにする良い面もありますので、この際両国の汚いものは流してしまい、その上に新たな絆が生まれるのではないでしょうか。

今後このようないがみあいが生じたときはフランスの詩人の言葉を思い出しましょう。

名前は忘れてしまいましたが……、

森の中に立っている二本の木はいつも同じ所に立っているからお互いの欠点が目につきがちだが、二本の木が成している森を見るならその欠点はいくばくのものか。（筆者意訳）

世界に目を開きどのように人類のため力を合わせるかを考えるなら小さなことにこだわっている暇はないはずです。

「大きな矛盾を解決するためには小さな矛盾に目をつぶれ」という毛沢東の言葉を思い出します。

あとがき

物心がついたころから祖国のことを知りたいという願望が芽生え、日本という生活の場で常に自分のアイデンティティについて模索してきました。日本と韓国が隣国であるのは宿命的で切っても切れない関係であり、私はそのはざまでもがき、どうしたら両国が手を携え国際社会に貢献する親しい隣国になれるかをライフワークにしてきました。私が今日あるのも日本と韓国に育てられたからであり、どうしたら恩返しができるかを模索してきました。その一部がこの本であります。

日韓両国の人は他の国から見たら見分けがつかないばかりか全く同じに見えるようですが、似た者同士の両国はその違いを理解しないか、しようとしなかったのか、いずれにしてもお互いの「違い」がどのように形成されてきたのかを冷静に分析し、「そうだったのか」「なるほど」、と納得していたら今のようなヘイトスピーチなどの軽薄な罵り合いで溜飲を下げる事態を避けられたのではないでしょうか。

日韓両国は「似ている」が故に何気なく自分の物差しで相手を判断し、その期待にそぐわないと「私の好意を無にした」「言葉に重みがない」などと気分を害し、不信感を募らせてしまったケースが多かったのではないでしょうか。

「似ている」が故に親しみと安心感を持ちますが、お互いに違った「時間・歴史」と「空間・環境」を経て今日に至っているのですから、「非なるもの」があって当然ではないでしょうか。

日本経由で入ったという「唐辛子」もその風土で辛さが違い、「白菜」も日本のものは水っぽくなります。食品ですらこうなのに、双子で生まれた兄弟が、生後間もなく兄はアメリカに、弟は日本で生活し五十年後に会ったらどのように違うかは一目瞭然です。

このように「似て非なる」両国ですから、それぞれの自己分析には格好の「鏡」ではないでしょうか。なぜ日本人は「安全で清潔できめ細かいのか」、なぜ韓国人は「ストレートに自分の意見を言い物怖じしないのか」。なぜ日本人は「自分の意見を言わず細かいのか」、なぜ韓国人は「大雑把で無鉄砲なのか」。こんな恰好な反面教師は世界広しといえど隣国同士である両国しかありません。自分を知るのに兄弟以上に格好の材料がないのと同じように。

確かに日本人の「決められたこと」をしっかり守ることにかけては、韓国人は太刀打ちできません。日本人は「与えられた仕事をそつなくこなし」、「列に並ぶ」など自分の分をわきまえ、適度の距離感を保ち何事にもきっちりして「安定」しています。反面韓国人は「大雑把で仕事をしているのかわからないところがありますが、いざ重要な仕事となると集中し徹夜してでも仕上げます」。また、「分をわきまえるより、より良い条件をめざしアグレッシブに行動します」。距離を保つよりは意気投合すれば「ビビンパ」のようにごちゃまぜにし、情を分かち合います。「親しき仲にも礼儀あり」などの一定の距離感を保つことには馴染みません。アバウトだから「セウォル号」のような惨事が起こり、韓国人としてとても悲しいですが、と言って、日本人のように「自分の殻」に閉じこもっていては何も起こりません。最近「自己中」という言葉をよく耳にします。日本の「自己中」は他人との関係を断ち自己の関心事にだけ没頭する社会性のないものですが、韓国の「自己中」は他人を巻き込んで自分中心に振る舞いますので「摩擦」も起こり、「喧嘩」したりしますが、そこには「生命」と「生命」のぶつかりあいがあり「生」を実感させられます。

このように日本と韓国の気質の違いを認識し、時には韓国的な無茶をして「サプライズ」を楽しむことをお勧めしますし、韓国人は日本的な「分」をわきまえ、心安らかな安定した生活をしてみるべきではないでしょうか。

時には。

最後に一言

日本と韓国の間には克服しなければならない心の影があります。

韓国人は「古代において仏教、農業など先進文化を日本に伝えたのに恩を知らない」と言いますし、日本人は「韓国に近代産業を伝え、経済発展を助けた」とお互いに恩着せがましく自国の貢献をひけらかしますが、そのこと自体がコンプレックスではないでしょうか。
「古代史コンプレックス」、「近代史コンプレックス」、日本は大陸・半島からの文化を消化し発展させ日本独自のものを作り上げたことを誇りにすべきで、歴史的事実を隠そうとすることがコンプレックスではないでしょうか。韓国は日本というモデルを最大限生かして経済大国にのし上がったことにもっと自信を持つべきで、日本の貢献を隠すことがまだコンプレックスを持っている証拠です。

私ごとですが、ソウル大学に通い奨学金をもらい、韓国生活が軌道に乗り有頂天になったとき、私自身のコンプレックスを恥ずかしく思い、人に知られたくないばかりか全否定しました。在日で、貧しくて、有名高校を出てないという負の部分が邪魔で、今の私の勉強ができる良い部分だけ評価してほしいと願ったものです。しかし、否定し隠したくとも私の生の一部であることに変わりないことに気づき、そんな行動をとった自分を恥じました。このようにありのままを受け入れることができるようになったのは、「在日」「韓国」「日本」というこだわりをなくしたときで、ようやく力みが取れました。

権　鎔大

この本を二人の女性（母：具今伊、妻：徐英姫）に捧げる

参考文献

ルイス・フロイス『ヨーロッパ文化と日本文化』（一九九一年、岩波文庫）
デイヴィット・リースマン『孤独な群衆』（一九六四年、みすず書房）
梶山季之『族譜・李朝残影』（二〇〇七年、岩波現代文庫）
小倉紀蔵『韓国は一個の哲学である』（二〇一一年、講談社学術文庫）
佐野眞一『あんぽん　孫正義伝』（二〇一四年、小学館文庫）
春日太一『なぜ時代劇は滅びるのか』（二〇一四年、新潮新書）
平井敏晴　岡本敏子『岡本太郎が愛した韓国』（二〇〇四年、アドニス書房）
柳田邦男『壊れる日本人』（二〇〇七年、新潮文庫）
韓永愚『韓国社会の歴史』（二〇〇三年、明石書店）
李御寧『韓国人の心』（一九八二年、学生社）
イビチャ・オシム『考えよ！』（二〇一〇年、角川ＯＮＥテーマ21）

著者紹介
権鎔大《ゴンヨンデ》
ソウル大学史学科卒業、同新聞大学院（マスコミ）修了
日韓交流お祭り協会理事兼事務局長、芝パーク総合法律事務所顧問、アシアナアカデミー講師、元アシアナ航空日本地域本部長・中国地域本部長、新聞寄稿・講演多数

あなたは本当に「韓国」を知ってる⁉

発行日　二〇一五年十二月十五日　初版第一刷発行
　　　　二〇一六年一月二〇日　初版第二刷発行
著者　権鎔大《ゴンヨンデ》
発行人　井田洋二
発行所　株式会社駿河台出版社
〒101-0021
東京都千代田区神田駿河台3-7　百瀬ビル2F
TEL　03-3291-1676
FAX　03-3291-1675
http://www.e-surugadai.com

組版・印刷・製本　精文堂印刷株式会社

ISBN 978-4-411-03099-3 C0095　定価はカバーに表示してあります。